Hiteles útmutató
a meditációhoz

Shar Khentrul Dzsamphel Lodrö
Szerkesztette: Adrian Hekel

Dzokden

Szerző: Shar Khentrul Dzsamphel Lodrö
A szerző angol nevei: Shar Khentrul Jamphel Lodrö
Angol nyelvű szerkesztő: Adrian Hekel
A magyar fordításban közreműködött Csordás Ágoston, Kövesdán Gábor, Moldován Tímea és Váradi Katalin

Első Kiadás

ISBN Paperback: 978-1-958229-16-3
ISBN ePub: 978-1-958229-17-0

Kiadta:
DZOKDEN

Ezt a munkát a Dzokden, egy önkéntesekből álló nonprofit szervezet készítette. E szervezet arra hivatott, hogy a világ összes spirituális hagyományának nem felekezeti nézetét, valamint a buddhizmust terjessze, egy teljesen hiteles és egyben gyakorlati, a nyugati kultúra számára elérhető módon. Tevékenységükkel különösen Tibet távoli vidékének gyöngyszemét, a Dzsonang hagyomány népszerűsítését segítik, amely a Kálacsakra értékes tanításait őrzi.

További információért a tervezett eseményekről vagy a rendelkezésre álló anyagokról, vagy ha adományozni szeretnél, kérjük, fordulj az alábbi elérhetőségekhez:

Dzokden
3436 Divisadero Street
San Francisco, CA 94123
USA

www.dzokden.org
office@dzokden.org

Tartalom

A szerző üzenete   1

Bevezetés   3

1. Fejezet: BEVEZETŐ   5

I.   Miért fontos a meditáció?   5

II.   Mi a meditáció?   7

III.   A meditációs ösvény áttekintése   11

IV.   A meditációs tárgy kiválasztása   14

V.   A megfelelő környezet megteremtése   21

2. Fejezet: A LÉGZÉS, MINT A MEDITÁCIÓ TÁRGYA ÉS A MEDITÁCIÓ SZAKASZAI   31

I.   A jelen pillanat tudatossága a légzés segítségével   33

II.   A tudat ráhangolódása a meditáció tárgyára (mint a sziklák között lezúduló vízesés)   39

III.   A tudat megtartása a meditációs tárgyon (mint a hegyszoroson átsiető folyó)   43

IV.   A tudat finomhangolása (mint a völgyben lassan hömpölygő folyó)   46

V.   A tudat egyesítése (mint a hullámoktól mentes mozdulatlan óceán)   50

VI. A Samata ösvényének összefoglalása 53

3. Fejezet: A MEDITÁCIÓS GYAKORLAT AKADÁLYAI 57

I. Az öt akadály 59

II. Az öt hiba és a nyolc ellenszer 63

III. Öt módszer a zavaró gondolatok eltávolítására 70

4. Fejezet: ANALITIKUS MEDITÁCIÓ 75

I. Mi az analitikus meditáció? 75

II. Az analitikus meditáció folyamata 77

III. Az analitikus meditáció és a két igazság 80

5. Fejezet: HALADÓ MEDITÁCIÓS TÁRGYAK 87

I. Nyitott tudatosság, mint a meditáció tárgya 87

II. A Dzshánák, mint a meditáció tárgyai 90

Ajánlott Olvasmányok 97

A szerzőről 99

Rinpocse víziója 101

A szerző üzenete

A könyvben bemutatott meditációs útmutatásokat nem érdemes néhányszor elolvasni, majd félretenni – hihetetlenül értékes lehet, ha megismerkedünk velük, majd életre szóló célként gyakoroljuk őket. Ha elkötelezzük magunkat ezen útmutatások gyakorlatba ültetése mellett, életünknek nagyobb értelme és célja lesz. Egy kis gyakorlás azonban nem feltétlenül vezet eredményhez, hacsak nem rendelkezünk eredendően spirituális képességekkel. Ahogy egy akrobata sem képes születésekor a mutatványokra, és ahogyan neki is folyamatosan edzenie kell magát, a meditáció is olyan dolog, amit újra és újra gyakorolnunk kell. Általában elszánt kitartásra, elhivatottságra és bölcsességre van szükség, valamint a tanítók vagy a spirituális barátok megfelelően ügyes vezetésére. Egy idő után azonban a gyakorlás második természetünkké válik, és nem igényel annyi erőfeszítést; ezután az öröm és egy mélyebb jelentés forrásává válik.

Ha nem látjuk az összefüggést az olyan gondolatok, mint a megvilágosodás vagy a dzshánák között, ne feledjük, hogy a buddhista gyakorlatok alapvető célja, hogy mindig tudatosítsuk a cselekedeteinket, és mindig jószívűek legyünk. Ebből a szempontból a meditáció egy fontos módszer, hogy „hozzászokjunk" a szeretet és az együttérzés érzéseihez, amelyeket folyamatosan fejlesztenünk kell. Bárkik is vagyunk, és bármivel is foglalkozzunk, ez biztosan nagy hasznunkra válik.

Shar Khentrul Rinpocse Dzsamphel Lodrö
Belgrave, Ausztrália

1

Sákjamuni Buddha a Bódhifa alatt meditál

Bevezetés

Manapság a meditáció gyakorlása egyre népszerűbb. Elismerték, hogy az egészséges életmód fontos része, és számos spirituális hagyomány lényeges eleme. Mivel a helyes meditáció elsajátítása potenciálisan sok előnnyel járhat, úgy éreztem, hogy egy ilyen füzet hasznos lenne a meditációs ösvény hiteles és hozzáférhető módon történő bemutatásához.

Először is, úgy gondolom, hogy ez az anyag hiteles, mert több mint kétezer éve kipróbált hagyományos buddhista tanításokon alapszik – ezen útmutatások követésével számtalan meditáló fedezhette fel a valóság valódi természetét, gyökeresen átalakítva életüket. Ezek a tanítások olyan gyakorlati megközelítést kínálnak, amely bárki számára előnyös lehet, faji vagy vallási hovatartozástól függetlenül. Mindazonáltal „buddhistának" nevezzük őket, hogy kijelenthessük, hogy hiteles forrásból származnak.

Ezt a szöveget a zsargon használatának minimalizálásával és számos mai forrásra hivatkozva igyekeztem hozzáférhetővé tenni. Különféle meditációs módszereket próbáltam összefoglalni, amelyek nemcsak a Buddha idejében voltak hatékonyak, hanem a mai tanítók is jelentős sikerrel alkalmazzák őket.

Remélem, hogy ez a könyv egy olyan meditációs gyakorlat megtalálásához vezet, amely bármikor „hazavisz" a nyugodt tisztaság terébe, amelyben békére lelhetünk, és helyreállíthatjuk energiánkat, vagy amelynek segítségével hatékonyan kapcsolódhatunk a világhoz, és könnyedén mozoghatunk az élet hullámaival. Mégis mindenekelőtt remélem, hogy ez a könyv „hídként" szolgál a megvilágosodás felé vezető úton, akár buddhista ösvényen, akár bármely más hiteles, spirituális hagyomány ösvényén járunk. Azokat, akiket különösen érdekel

3

a buddhista ösvény, arra buzdítom, hogy fedezzék fel a könyv végén található hivatkozásokat, különösen a „Szent Valóságunk Feltárása" című könyvsorozatot.

SOK SZERENCSÉT!

ELSŐ FEJEZET
Bevezető

I. MIÉRT FONTOS A MEDITÁCIÓ?

Mindannyiunkban korlátlan lehetőség van tudatunk fejlesztésére, de jelenleg a tompaságtól, zavarodottságtól és az irányíthatatlan érzelmektől, illetve ezen állapotok kialakulásának lehetőségétől szenvedünk. A meditáció megtisztíthatja és finomíthatja tudatunkat. Egyrészt segíthet abban, hogy hatékonyabb, kiegyensúlyozottabb, nyugodtabb és békésebb életet éljünk. Mélyebb szinten pedig segíthet a tudatosságunk és összpontosításunk erejének fejlesztésében. Ha képesek vagyunk lemondani a világi érdekekhez való ragaszkodásunkról, és kifejlesztjük a nagy együttérzést, az a megvilágosodott természetünk felfedezéséhez vezethet.

Gondolnunk kell arra is, hogy a meditáció fejleszti a nem fizikai tudat tudatosságát. Napjainkban kezdjük megérteni, hogy a mentális jelenségek a valóság rejtett dimenziójából fakadnak, amely alapvetőbb, mint a tudat és az anyag közötti megosztottság. A buddhisták ezt tartják a *finom tudat*nak, és ez az, amit sok meditáló közvetlenül fel is fedezett. Ellentétben az öt érzékszervi tudatossággal, amelyek bizonyos fizikai szervektől függenek, ez a finom tudat korlátlanul képezhető. Ezért a meditáció gyakorlása rendkívüli eredményekhez vezethet, ha kitartóan végezzük.

Felmerülhet a kérdés, hogy a meditáció milyen hasznot hoz a mindennapi életben? Először is, az életminőségünk attól függ, hogyan észleljük a dolgokat, és hogyan reagálunk azokra, és ezt a tudatosságunk minősége határozza meg. A meditációs gyakorlat ezt fokozhatja, így megtanulhatjuk, hogy az életet a megnövekedett nyugalom, a tisztaság, a belátás és a megértés teréből közelítsük meg. Ezért segíthet abban, hogy jobban jelen legyünk, szilárdabb talajon álljunk és kapcsolódjunk minden tapasztalásunkhoz. Ahelyett, hogy a külső eseményekre reagálunk, egy jobb helyzetet teremthetünk, ha megértjük a dolgokat úgy, ahogy vannak, és bölcsen, türelemmel és kedvesen fordulunk magunk és mások felé. Ekkor felfedezhetünk egy belső szabadságot, ahol megválaszthatjuk a válaszokat ahelyett, hogy csak reagálnánk, ellenállnánk vagy nyugtalanságba menekülnék.

A meditáció jótékonyan hat az egészségre is. Többek között javul a problémamegoldási készség, a memória, a hatékonyság, jobb lesz az alvás, megnövekszenek a nyugodt válaszreakciók, kevesebb lesz a szorongás és a depresszió, valamint mérséklődik a krónikus fájdalom (mivel megtanulhatjuk, hogy csak tudatában legyünk a fájdalomnak anélkül, hogy beleveszünk abba). Emellett csökkenti a vérnyomást és a pulzusszámot, javítja az immunrendszer működését, és számos egyéb betegség esetén is hatékony, beleértve a szívbetegségeket, a cukorbetegséget és a rákos megbetegedéseket.

A hiteles meditációs gyakorlat legnagyobb előnye azonban, hogy ez egy olyan kulcs, amely megnyitja a megvilágosodáshoz vezető ajtót, valamint segít a nagyobb bölcsesség és együttérzés kifejlesztésében. Lehet, hogy ezek „távoli" fogalomnak tűnnek, de ha valóban fejlesztjük a meditáció készségét, akkor teljesen új perspektívából fogjuk látni az életet, és értékelni fogjuk azt az értékes lehetőséget, amelyet ez az élet kínál számunkra, hogy felfedezzük a valóságunk igazságát. Ha őszintén rálépünk erre az útra, kétségtelenül sok más előnyét is megtaláljuk majd az életünkben.

Ezt a könyvet a meditáció meghatározásával kezdem, majd röviden bemutatom a meditációs ösvényt illetve azt, hogy hogyan válasszuk ki megfelelően a meditáció tárgyát. Ezután ismertetem a meditáció tényleges módszerét, a megfelelő külső és belső környezet megválasztásával kezdve. Majd a légzés tudatosságát példaként használva végigjárjuk a meditáció különböző szakaszait, amelyek a tökéletes egyhegyű meditációhoz vezetnek. Ezt követi a meditációt akadályozó tényezők és ellenszereik összefoglalása, majd az analitikus meditáció alkalmazására vonatkozó instrukciók és több haladó meditációs gyakorlat leírása.

II. MI A MEDITÁCIÓ?

A „meditáció" szó az egész világon jól ismert. Jelentése azonban gyakran korlátolt módon, félreérthetően és kissé leegyszerűsítve jelenik meg, legalábbis a buddhizmus szempontjából. A meditáció jelentése egyrészt arra utal, hogy hatalmas, mint az óceán, másrészt jelenti a készségek és módszerek kincstárát is. Ezen a szinten nem szükséges megérteni a számos jelentését, mégis létfontosságú a meditáció helyes szemléletének kialakítása és a legalapvetőbb pontok megértése.

Először is, a meditációt jelző tibeti szó a gom, egyszerre jelenti a megismerést, hozzászokást és a megismerés, hozzászokás folyamatát. Buddhista szemszögből ez azt jelenti, hogy megtanuljuk felismerni és megszokni a valóságot, amely tükrözi tapasztalataink valódi természetét, és ezen keresztül bölcsességet és együttérzést fejlesztünk ki. A meditáció ilyen módon történő gyakorlása során hozzászokunk ahhoz, hogy a valóságnak megfelelőbben érzékeljük azt, akik valójában vagyunk, és ezt a nézetet szilárdabbá és stabilabbá tesszük, ahogy az összpontosításunk fejlődik.

Vajrócsana hétpontos meditációs testtartásában ülő szerzetes

Ahelyett, hogy csak valami intellektuális dolog lenne, ez a nézet a mindennapi életünk részévé válhat.

Egyszerűen fogalmazva, a meditációt tekinthetjük az érzelmi és mentális jólét eszközeként, valamint hogy egyensúlyt teremtsünk életünkben. Napjainkban gyakran sok feszültséget tárolunk a testünkben, amelyet a kényszeres gondolkodás szokása és egy olyan kultúra mozgat, amely arra ösztönöz, hogy feljebb és tovább haladjunk. A meditáció tehát egy olyan eszköz lehet, amellyel könnyedén visszahúzódhatunk és újra felfedezhetünk egy egyensúlyi pontot, ahol dönthetünk úgy, hogy nyugalomban maradunk, és helyreállítjuk az energiánkat. Ha megtaláljuk ezt az egyensúlyi pontot, akkor hatékonyabbá válhatunk és tisztábban gondolkodhatunk, amikor eljön az ideje, hogy tovább lépjünk és cselekedjünk a világban, legyen az a munka vagy a családi élet. Ez olyan, mintha tudnánk, hol van a tengerpart, és bármikor visszatérhetünk oda, amikor az élet óceánjában úszunk, amelyben olykor nyugodt, máskor vad és viharos körülményekkel találkozunk. Elképzelhetünk egy táskát is, amit magunkkal viszünk. Eleinte elég könnyű, de ha több órán keresztül ugyanazzal a karral cipeljük, percről percre egyre nehezebbé válik. Ez hasonló ahhoz a feszültséghez, amelyet magunkkal cipelünk – minden történetünket, félelmünket, aggodalmunkat, megpróbáltatásainkat és felelősségünket. A meditáció lehetővé teszi, hogy letegyük a táskát, hogy aztán egy sokkal könnyebb, energikusabb és átláthatóbb formában vegyük fel ismét.

A meditációnak két fő szintje van: a samata (más néven nyugodt időzés) és vipasjaná (vagy tiszta látás). A samata az egyhegyű meditáció technikájára utal, ahol elmélyülten egyetlen tárgyra összpontosítunk, hogy „megszokjuk" és így egyesítsük és koncentráljuk a tudatot; ezért az sokkal stabilabbá válik, mint a normális hétköznapi elme. Azt a boldog és zavartalan lelkiállapotot is jellemzi, amely a samata gyakorlás eredménye. A vipasjaná eközben a belátás meditációjára utal. Ez a tudat és a jelenségek valódi természetének megértését hangsúlyozza. Ha egy gyertyára gondolunk, a samata olyan, mint a láng stabilitása, a vipasjaná pedig a láng fényessége. Ahhoz, hogy egy képet tisztán lássunk, olyan lángra van szükség, amely állandó és fényes is. Hasonlóképpen, a tapasztalatok valódi természetének felfedezéséhez nyugodt és tiszta tudatra van szükség. Ez azonban nem jelenti azt, hogy a samata és a vipasjaná teljesen különállóak. Sok tanító ezt a két módszert a bot két végéhez vagy a kéz két oldalához hasonlítja. Minél nyugodtabbá és koncentráltabbá válunk, annál valószínűbb, hogy kifejlesztjük a belátást. Minél több belátásra teszünk szert, a tudatunk annál könnyebben összpontosít és válik nyugodttá. Az ártalmas érzelmek és mentális állapotok teljes felszámolásához azonban mindkettőnek jelen kell lennie. Ez a samata és a vipasjaná egyesüléseként ismert.

Minden típusú meditáció ugyanazt az alapvető módszert követi:

1. A test elcsendesítése;
2. Fókuszálás a kiválasztott tárgyra;
3. A gondolatok vagy érzések megfigyelése és tudatosítása, és
4. A tudat finom visszahelyezése a tárgyra.

A samata meditáció a második lépésre helyezi a hangsúlyt, amikor arra képezzük magunkat, hogy olyannyira hozzászokjunk egy stabil tudathoz, vagy olyannyira megismerjük a tárgyat, hogy a zavaró gondolatok nagyon finomakká váljanak, és végül fel se merüljenek. A belátás meditációja főként a harmadik lépésre helyezi a hangsúlyt, amikor megtanuljuk teljes tudatossággal követni a gondolatokat és érzéseket, vagy megvizsgálni azok természetét. Mindkét módszernél kulcsfontosságú, hogy ne próbáljuk „blokkolni" gondolatainkat vagy érzéseinket, hanem tudatosítsuk őket, és gyengéden tereljük vissza tudatunkat a meditáció tárgyához.

Ez a négy lépés három kulcsfontosságú készséget is tartalmaz, amelyeket fokozatosan fejlesztünk ki, miközben megtanulunk meditálni. Az első a relaxáció, amikor a test megtanulja elengedni minden megszokott feszültségét, és megtapasztalja a „teresség" érzését. A második az éber tudatosság, amikor a tudat elmélyül a meditáció tárgyában, vagyis a tudat mintegy „megtelik" a tárggyal. Az utolsó készség a tudatosság vagy éberség, amely a tudat egy olyan jellegére vonatkozik, amely éber őrként működik, ellenőrzi, hogy tudatosak vagyunk-e vagy sem, és egyre élénkebbé teszi a tárgyat. Arra is figyelmeztet, ha tompaságba, izgatott állapotba kerülünk, vagy más akadályok merülnek fel, valamint fenntartja a háttérben lévő tárgyak, mint a látvány és a hangok befogadásának tudatosságát. Ez a három tulajdonság olyan, mint egy fa gyökere, törzse és lombja. Gyakorlatunk növekedésével a relaxáció gyökerei mélyebbre nyúlnak, az éber tudatosság törzse megerősödik, és az éberség lombja magasabbra nyúlik.

III. A MEDITÁCIÓS ÖSVÉNY ÁTTEKINTÉSE

A meditációs gyakorlat akkor kezdődik, amikor tisztázzuk motivációnkat, és filozófiailag megértjük, hová vezethet ez a gyakorlat. Az is hasznos, ha az erkölcs, a fegyelem és az egyensúly szilárd alapot teremt az életünkben. Egyesek számára ez azt jelentheti, hogy leegyszerűsítik az életüket, helyet adva

A három kulcsfontosságú meditációs készség: elnyugodottság, tudatosság és éberség

a meditációs gyakorlatoknak, mások számára pedig azt, hogy aktívabban részt vesznek az életben. Megint mások számára ez jelentheti azt, hogy belépnek egy kolostorba, vagy úgy döntenek, hogy bizonyos előírásokat betartanak. A fegyelemnek ez az alapja segít az éber tudatosság fejlesztésében a mindennapi élet során. A motiváció, amellyel a meditációs gyakorlatot végezzük lehet az a haszon, hogy megszabaduljunk a szenvedéstől ebben az életben, vagy hogy elérjük a teljes megvilágosodást minden lény javára. Mindegyik motiváció egyformán helytálló, és nem mondhatjuk, hogy az egyik jobb a másiknál, de egy nagyobb motiváció valószínűleg több haszonhoz vezet.

Általában egy megfelelő meditációs tárgy kiválasztásával kezdjük (legyen az egy vagy több), és egyhegyű meditációba kezdünk a samata elérése érdekében. Fokozatosan haladunk keresztül a kilenc figyelmi állapoton vagy szakaszon, ami a béke stabil állapotához és a tökéletes koncentrációhoz vezet, és amely irányulhat bármilyen választott tárgyra. Azok, akik megvalósítják a samatát, mentesek lesznek az érzelmektől, és hosszú ideig képesek békés tudatállapotban maradni. Ez a fajta meditáció közös mind a buddhista, mind a nem buddhista hagyományokban. Ha bizonyos fokú előrelépést teszünk az egyhegyű koncentráció elérésében, a meditáció során felfedezhetjük a hatalmas béke állapotait, és számos előnyét fogjuk tapasztalni a mindennapi életben.

Ha nem ragaszkodunk ehhez a békés tudatállapothoz, és van bátorságunk és szorgalmunk a további fejlődéshez, akkor elérjük azt a szakaszt, ahol erős késztetést érzünk a gyakorlás folytatására, a boldogság és béke élményeitől ösztönözve. Ez az összpontosítás rendkívül kifinomult állapotainak eléréséhez vezethet, amelyeket dzshánaként ismerünk. Ezek a tudat hihetetlenül gyönyörteli, teljesen elmélyült állapotai, amelyek során egyáltalán nem vagyunk tudatában semmilyen külső valóságnak.

A samata vagy a dzshána gyakorlás eredménye lehet világi vagy „szamszárikus"megvalósítás, ami azt jelenti, hogy végső szinten nem vezet a szenvedéstől való megszabaduláshoz. Alternatív megoldásként, legalábbis buddhista szempontból, megfelelő motivációval és bölcsességgel ez a megvalósítás a megvilágosodás felé fordítható. Ebből a nézőpontból a samata nem a végső cél, hanem egy alapvető lépés afelé, hogy valódi betekintést nyerjünk a tapasztalataink természetébe. Ekkor valóban lehetséges minden romboló érzelem és tudatállapot legyőzése, a tökéletes és tartós megszabadulás a szenvedéstől.

Vannak, akik először a samata nyugodt tudatát fejlesztik ki, és ezt követi a belátás, míg mások először a belátást fejlesztik ki, majd később a meditatív stabilitást. Vannak, akik egyszerre vagy párhuzamosan fejlesztik ki a nyugalmat és a belátást, míg másoktól nagy kitartást kíván, hogy le tudják csendesíteni a tudatot és járják az ösvényt.

IV. MEDITÁCIÓS TÁRGY KIVÁLASZTÁSA

Annak érdekében, hogy megtaláljuk a számunkra legmegfelelőbb meditációs ösvényt, kulcsfontosságú, hogy találjunk egy vagy több olyan meditációs tárgyat, amely megfelel a személyiségtípusunknak. Ideális esetben ez egy olyan tárgy, amelybe beleszeretünk. Választhatjuk ezt a tárgyat tapasztalataink vagy preferenciáink alapján, vagy egy tanító is ajánlhat nekünk egyet. Általában azért választunk egy adott tárgyat, hogy segítsen legyőzni egy bizonyos gyengeséget, vagy éppen az erősségeinket is építheti. Például, ha heves vérmérsékletűek vagyunk, a szerető kedvességen való elmélkedés nagyon alkalmas tárgy lehet, mivel ez a harag ellenszereként szolgál. Ha érzelmi alapú személyiség típusúak vagyunk, akkor talán más okból vonzódunk a szerető kedvességhez vagy az odaadás gyakorlataihoz, mivel ez a fajta tárgy megfelel a személyiségünknek. Hasonlóképpen, a gondolkodó típusúak vonzódhatnak az analitikus meditáció bizonyos formáihoz, és az érzékelési típusúak számára előnyösek lehetnek az olyan technikák, amelyek a test éber tudatosságát vagy az érzékszervi tudatosságot hangsúlyozzák.

Egy másik szempont, hogy amikor az egyhegyű koncentráció elérése érdekében meditálunk, ahogy a fókuszunk javul, választhatunk egyre finomabb és finomabb szintű tárgyat. Kezdetben lehet, hogy egy mozgó tárgy, mint a lassú járás vagy a légzés a legalkalmasabb, de egy bizonyos ponton jobb, ha egy stabil, nem mozgó tárgyra koncentrálunk, például egy szentképre vagy egy mentálisan elképzelt tárgyra.

A mahájána és a vadzsrajána buddhizmus szerint végtelen számú meditációs tárgy létezik, amelyek megfelelnek a különböző típusú lényeknek az egyhegyű koncentráció fejlesztése érdekében. A théraváda tanítások eközben negyven különböző a szemlélődésre alkalmas tárgyat határoznak meg, az eltérő természetű embereknek megfelelően.

Az összes meditációs tárgyat nyolc kategóriába sorolhatjuk:
1. Légzésmeditációk (spontán légzés és irányított légzés).
2. Vizualizációk (például a Buddha képe vagy a kasináknak nevezett vizuális tárgyak, amelyek a négy elemet és a négy színt képviselik).
3. Mantra meditációk (ahol egy hang vagy szótagcsoport ismétlődik, gyakran vizualizációval együtt).

4. Mozgás meditációk (például a lassú séta vagy a jóga).
5. Meditáció az energiaközpontokon vagy a csakrákon.
6. Dzshána meditációk (a meditatív elmélyülés nagyon mély állapotai).
7. Analitikus meditációk (ide tartoznak a mulandóságon, a szerető kedvességen való szemlélődő gyakorlatok, vagy az imák és az odaadás gyakorlatai, valamint a valóság valódi természetének megkérdőjelezése).
8. Nyitott tudatosság meditációk (a tudat tartalmának nyitott tudatosítása vagy a Kálacsakra Tantra sötét szoba gyakorlata)

Az első hat kategória az egyhegyű koncentráció fejlesztését, míg az utolsó két kategória a belátást hangsúlyozza; azonban mindegyik kategória egyaránt vezethet a koncentrációhoz és a belátáshoz. A Kálacsakra sötét szoba gyakorlatát például arra használják, hogy elérjék a samatát azáltal, hogy a nem fogalmi állapotra összpontosítanak, és ez egy bizonyos szakaszban a valóság valódi természetébe való közvetlen betekintéshez vezet.

Ha tudatunkat túlnyomórészt csapongó gondolatok gyötrik, vagy ha „töprengő természetűek" vagyunk, ami az elfoglalt és feszült életvitelünkben meglehetősen gyakori, akkor a légzés természetes áramlására való összpontosítás hatékony módja lehet a tudat lecsendesítésének és a test ellazításának. A belső érzések és érzékelések tudatosítása szintén segíthet egy ellazultabb állapot elérésében, csakúgy, mint a lassú séta vagy a jóga során végzett testmozgások éber tudatossága. A sétáló meditáció során a láb minden egyes mozgásának minden pillanatára összpontosítani kell, és érdemes lehet ezt a légzéssel szinkronizálni („belégzés a bal láb tudatában, kilégzés a jobb láb tudatában") vagy esetleg

A sétáló meditáció a talaj tudatosítására összpontosít

mondhatunk egy mantrát (a bud-dho a thai hagyományban használatos, minden lépésnél egy szótagot mondanak csendesen). A légzés meditációs tárgyként való használatát a könyv későbbi részében hosszan ismertetjük.

Ha az uralkodó gyötrő érzelmeink a gyűlölet vagy a harag, akkor a meditáció tárgya lehet a szerető kedvesség, amelyet mettának is neveznek. Hasonlóképpen, az együttérző örömről való meditáció megfelelő tárgy lehet, ha hajlamosak vagyunk a féltékenységre. Ahhoz, hogy a szerető kedvességen elmélkedhessünk, fel kell ismernünk, hogy minden lény a boldogságot keresi, akárcsak mi, és ki kell fejlesztenünk a vágyat, hogy mások is megtalálják a valódi boldogságot és annak okait. Ez a meditáció az alapja a mahájána buddhista hagyományban bemutatott, szeretet és együttérzés haladó szemlélődő gyakorlatainak.

Ha viszont a ragaszkodás vagy a vágy szenvedése az uralkodó, akkor hatékony módszer, ha felidézünk egy számunkra vonzó személyt, és a testének minden nem vonzó tulajdonságára gondolunk, mint például a húsra, a csontokra, a belső szervekre, a gennyre, a vérre és a vizeletre. Felidézhetjük az emberi holttest bomlásának különböző szakaszait is, amelyeket a théraváda tanítások kilenc szakaszban írnak le, és amelyeket kilenc temetői szemlélődésként ismernek. Bár ez visszataszítónak tűnhet, azok, akik ezt a meditációs formát végzik, gyakran meglepődnek azon, hogy tapasztalataik egészen gyönyörteliek, mivel a boldogság természetesen merül fel, ha a gyötrő vágyak megszűnnek.

Akik lelkiismeretes természettel bírnak (érzelmi típusok), azok számára megfelelő tárgy lehet a Buddha és a Három Drágakő, az istenségek és az olyan erények felidézése, mint a nagylelkűség. Ez különösen vonatkozhat azokra, akik keresztény vagy más hitbéliek, és vonzódnak az imádsághoz vagy az odaadás gyakorlataihoz.

Ugyanakkor a gondolkodó típusok számára alkalmas tárgy lehet a halál és a mulandóság tudatos meditációja, a testen, mint az elemek összességén való elmélkedés, és a kölcsönös függőségen való szemlélődés. Ezek az elmélkedések a büszkeség vagy az önteltség ellenszerei is lehetnek.

Az egyik hatékony vizualizációs módszer, amely több tárgyat is alkalmaz, annak a tudatosítása, hogy a testünk a szenvek és karmikus hajlamok következménye, ezért úgy képzeljük el, mint a hús, a csontok, a vér, a genny, az ürülék és minden hasonló jellegzetesség tisztátalan gyűjteményét. A szívünk közepén képzeljünk el egy ragyogó fényt, amely a megvilágosodott természetünket szimbolizálja, amely lassan teljesen beragyogja a testünket. A tudat egyhegyűen összpontosítva, anélkül, hogy bármi megzavarná követi a fényt, majd az egész testünk elpusztíthatatlan fénnyé válik. Ez a teljes megtisztulást és a megvilágosodott természetünk fokozatos megvalósítását szimbolizálja.

Mindaddig, amíg a motivációnk tiszta és a nézetünk helyes, a vizualizációkat és mantrákat tartalmazó tantrikus meditációk nagyon hatékony gyakorlási módot jelenthetnek. Ezek különösen megfelelhetnek az intuitív személyiségtípusúaknak. A vizualizációt és a mantrát magában foglaló meditációk (az istenségjóga vagy a felépítő szakasz) összekapcsolhatnak minket megvilágosodott természetünk egy jellegével, és egy adott istenség megfelelhet egy adott alkatnak. Például a Mandzsusrí mantra OM AH RA PA DZA NA DHI használható a bölcsesség fejlesztésére, a Csenrézi mantra OM MA NI PADME HUNG pedig az együttérzés kiváltására. A Vadzsrapáni mantra, a HUNG VADZSRA PHET, segíthet az együttérzés képességét és erejét felkelteni. A Gyógyító Buddha mantrája pedig segíthet önmagunk meggyógyításában, hogy mások javára válhassunk: TÉJATÁ OM BEKANDZE BEKANDZE

MÁHÁ BEKANDZE RADZA SZAMUDGATE SZVÁHÁ. Végül az OM TARE TUTARE TURE SZVÁHÁ a fehér Tárá mantrája, összekapcsolhat a szeretet női minőségével és a hosszú élettel. Ezen gyakorlatok mindegyike egy-egy konkrét vizualizációhoz kapcsolódik, amelynek részletei különböző szövegekben megtalálhatók. Bárki, aki megfelelő motivációval recitálja ezeket a mantrákat, részesülhet jótékony hatásukban; azonban erősebbek, ha beavatást kaptunk hozzájuk, vagy ha bizonyos tanulmányokat végeztünk.

További meditációs tárgyak lehetnek az energiaközpontok vagy csakrák, bár általában a buddhizmusban ezek a haladó gyakorlatok részét képezik, amelyek általában bizonyos előkészítő gyakorlatok elvégzését igénylik (a haladó gyakorlatok beteljesítő szakaszként ismertek). Ezeket a gyakorlatokat kezdőként végezni olyan, mint szilárd alapok nélkül házat építeni, ebben az esetben nem valószínű, hogy hasznunkra válik. Számos nem buddhista jógaiskola kínál hatékony módszereket a csakrák aktiválására, amelyek nagyon hatékonyak lehetnek bizonyos típusú emberek számára. Ha azonban a megvilágosodásra törekszünk, alaposan meg kell vizsgálnunk, hogy van-e különbség a buddhista és a jógikus nézetek között, és tegyük fel a kérdést, hogy melyik út lesz a leghasznosabb számunkra hosszú távon.

Az utolsó szempont az, hogy olyan meditációs tárgyat (vagy tárgyakat) választunk, amelyek segítik a koncentráció fejlesztését oly módon, hogy azt beépíthessük a mindennapi életünkbe. A jelen pillanat éber tudatossága vagy a nyitott tudatosság ezért nagyon praktikus módszer lehet, mivel az életben szerzett tapasztalataink tükrözik a meditációban szerzett tapasztalatainkat. A mindennapi munkánk a meditáció egyik formájává is válhat – gyakran az „áramlás" állapotában találjuk magunkat, ha a munkánk nem túl unalmas (tompultsághoz vezet), vagy nem túl nagy kihívás (stresszhez és izgatottsághoz vezet). Ami azt illeti a Buddha egyszer azt mondta egy idős asszonynak, aki meditálni akart, hogy legyen tudatos a keze minden mozdulatára miközben vizet merít a kútból, és ez lett az asszony mindennapi gyakorlata.

Észre fogjuk venni, hogy a nap különböző időszakaiban egyes meditációs tárgyak alkalmasabbak, mint mások. Ha közelről figyeljük a test természetes ciklusait, azt fogjuk tapasztalni, hogy a tudat és a test egymást váltja a mozgás (vagy energiafelhasználás) és a nyugalom (energia visszaállítás) időszakai között. Mozgásos időszakokban hatékonyabb olyan meditációs tárgyat használni, amelyben a tudatunk „irányított", vagy egy tiszta irányba terelődik, mint például az analitikus meditáció, a mantrarecitálás vagy a lélegzet számlálása. A nyugalmi időszakokban előnyben részesíthetjük a „befogadó" meditációkat, mivel a tudat természetesen nyugodtabb, nyitottabb és boldogabb. Megtanulhatunk meditálni még az álom- és a mély alvás állapotában is, és ez oda vezethet, hogy éjjel-nappal folyamatos tudatosságot tudunk fenntartani.

V. A MEGFELELŐ KÖRNYEZET MEGTEREMTÉSE

Ahhoz, hogy egy magból fa nőjön, különféle feltételekre van szükségünk, például termékeny talajra, napfényre és esőre. Hasonlóképpen, ahhoz, hogy a tudatot képezzük a meditációban különféle külső és belső feltételekre van szükségünk. Ez magában foglalja a megfelelő helyet, a megfelelő testtartást, a megfelelő tudatállapotot vagy szándékot, valamint a tudat lecsendesítésére szolgáló előkészítő gyakorlatokat.

(i) A megfelelő hely

Először is hasznos, ha olyan helyet választunk, amely alkalmas a meditációs gyakorlásra: csendes, tiszta, rendezett, áldott, zavaró tényezőktől mentes. Egyes helyszínek különböző típusú gyakorlatokhoz illeszkednek – a nyugodt erdei környezet például segítheti a nyugalom és a koncentráció kialakulását, míg egy tágas, szabad kilátással rendelkező hely hatékony hely lehet a belátás gyakorlására. Bár a zajos vagy a folyamatosan zavaró környezet akadályozhatja a kezdőket, ha az ilyen kihívások ellenére is kifejlesztünk egy jó meditációs gyakorlatot, az valóban nagyobb teljesítményhez vezethet.

A meditáció megkezdésekor a legjobb, ha szigorú ütemtervet tartunk, és ugyanazon a helyen végezzük a gyakorlást, ugyanarra a tárgyra összpontosítva. Az egyes gyakorlatok során a meditációval eltöltött idő képességeinktől és tudatunk állapotától függ. Kezdetben öt-tizenöt perc megfelelő lehet, és ideális ha naponta többször is végezzük.

(ii) A helyes testtartás

Fontos, hogy ismerjük a testtartás azon elemeit, amelyek a legkedvezőbbek a stabil tudat kialakulásához, mert a durva tudat átmenetileg kapcsolatban áll a testtel, és az életünk során befolyásolja azt. A tudati fejlődés is átmenetileg kapcsolódik a testhez, mígnem a halál pillanatában magunk mögött hagyjuk. Minden buddhista gyakorlatban az anyagi jellegű dolgokat hasznos eszköznek tekintik a cél eléréséhez ebben az átmeneti életben. Ilyen módon a test olyan, mint egy csónak, a meditáló pedig az utazó. Az utas a hajótól függ, miközben átkel az óceánon, a hajó nélkül az utas megfulladhat, vagy nem éri el a szárazföldet. De amint elérjük a célt, a hajó már nem hasznos a számunkra.

Meditálhatunk ülve, fekve, sétálva vagy állva – és ezek a testhelyzetek formálisan vagy informálisan is használhatók. Az ülő meditációnál használjunk kényelmes, egyenes támlájú párnázott széket vagy meditációs zsámolyt, párnát. A kezek együtt nyugodjanak az ölünkben vagy a combunkon, a hátunk legyen egyenes, mint egy nyílvessző, az állunkat pedig kissé húzzuk be. Ha feszült a tudatunk, a hátunkra is fekhetünk, miközben kezünket felfelé néző tenyérrel nyugtatjuk magunk mellett (ez a testhelyzet nem ajánlott, ha tompa a tudatunk). Elősegíti a tisztább tudatot, ha a jobb oldalunkra fekszünk, jobb kezünket az arcunk alá helyezve, összezárt, térdben enyhén hajlított lábakkal, miközben bal karunkat testünk bal oldalán nyugtatjuk. Járásnál és állásnál jobb kezünket tartsuk a balban, vagy ha ez nehezünkre esik, össze is fűzhetjük az ujjainkat. Ügyeljünk az egyenes, de laza tartásra, karunk természetesen lógjon le testünk előtt. Hasznos ha részletesen ismerjük az ülő testhelyzet elemeit, mivel ez a testtartás a legkedvezőbb a hatékony meditációhoz, amelyre akkor van szükség, ha eltökéltek vagyunk az összpontosítás magasabb állapotainak elérésére. Hét elemből áll, és Buddha Vajrócsana hétpontos testtartásaként ismert. Ez a hét minőség a következő:

1. *Lábak (keresztezve)*
   Az ideális, ha a lábunkat keresztbe tesszük az ún. vadzsra testtartás szerint, amikor a bal láb a jobb combon, a jobb láb pedig a bal combon pihen. Ha ez a pozíció túl nehéz, bármilyen kényelmes, keresztezett lábas testhelyzet megfelel, megjegyezzük azonban, hogy nagyobb stabilitást érhetünk el, ha a fenekünket megemeljük, és a medencét előre döntjük. Mivel testünk nagyon érzékeny a környezetünkre, a talajon ülve az alattunk elhelyezkedő hatalmas földhöz kapcsolódunk,

ami érzékelhetővé teszi óriási energiáját. A keresztezett lábbal felvett megfelelő helyzet kiváló fizikai egyensúlyt biztosít, valamint a bölcsesség és a módszer egységét is jelképezi. A megfelelő helyzet felvételével azonos fontosságú a kényelem. Az optimális ülő testhelyzet hozzájárul a meditációnk fejlődéséhez, de ha kényelmesen is ülünk, akkor kevésbé vonódik el a figyelmünk, és könnyebben el tudjuk lazítani a testünket. Ezért lehet, hogy úgy döntünk, inkább egy széken ülünk ellazított lábbal, a térdünket derékszögben tartva, fenekünkkel szilárdan a széken támaszkodva, mindvégig egyenes háttal.

2. *Kezek (az ölben)*
   A kezünk finoman pihenjen az ölünkben, a jobb kéz a bal kézen nyugodjon, felfelé néző tenyérrel (nőknél hatékonyabb lehet, ha a bal kezüket helyezik a jobbra). A hüvelykujjak hegye finoman érintkezzen kicsivel a köldök alatt. A kezek helyzete a módszer és a bölcsesség egységét fejezi ki a gyakorlat során. Éreznünk kell az ellazultságot a vállaktól kiindulva a csuklón keresztül egészen a kézfejünkig, ami lehetővé teszi, hogy minden feszültség megszűnjön a felsőtestünkben.

3. *Hát (egyenes gerinc)*
   A test olyan egyenes legyen, mint egy nyílvessző vagy, mint az egymásra helyezett pénzérme oszlop. Ügyeljünk arra, hogy ne dőljünk se oldalra, se hátrafelé vagy előrefelé. Az egyenes hát segít ébernek és figyelmesnek lenni, és óriási hatása van a belső szelekre, a testben és tudatban keringő energia finom mozgására. Ezek a szelek szoros kapcsolatban vannak a légzéssel, és bizonyos haladó gyakorlatokban igen nagy

hatásuk lehet. Ha elhelyezkedtünk, egy percre képzeljük el a testünket a fejünk tetejétől a lábunk hegyéig. A meditáció során finom kiigazításokat tehetünk, hogy végig kiegyensúlyozott és egyenes legyen a tartásunk. A cél az elnyugodottság, ellazultság és éberség; a merev mozdulatlanság akadályozza az éber tudatosságot.

4. *Váll és könyök (hátra húzva és a törzstől kissé eltartva)*
   A vállat és a karokat húzzuk kissé hátra és enyhén hajlítsuk be, hogy egyenletesen helyezkedjenek el testünk mindkét oldalán. Ez segíti a tüdő megfelelő kitágulását és a légzést a meditáció alatt. A könyökünk és a törzsünk között legyen egy kis távolság.

5. *Fej és nyak (enyhén leszegett áll)*
   A fejünket tartsuk egyenesen és középen; ne túl magasan vagy túl alacsonyan előrehajtva. Az állat enyhén húzzuk be, és az orrunk egy vonalban legyen a köldökünkkel. Ne hajlítsuk oldalra vagy hátra a nyakunkat.

6. *Száj (laza arc, a nyelv hegye érintse a felső szájpadlást)*
   A fogak és az ajkak természetes helyzetben legyenek, a fogak alig érintkezzenek. Az arc és az állkapocs ellazítása segít megelőzni a gyakori nyelést, miközben ha a nyelv hegyét finoman a felső fogsor mögé helyezzük az élesíti a tudatot, és megakadályozza a kiszáradást és a túlzott nyálképződést. Ha feszült a tudatunk, és nehéznek érezzük a nyugodt állapot elérését, a nyelv alsó fogsor mögé helyezése segíthet ellazítani és megnyugtatni a tudatot.

7. Szem (az orr hegye elé nézzünk)

Ne nyissuk túlságosan tágra a szemünket, de ne is csukjuk be teljesen. Ha túl tágra nyitjuk, könnyen elterelődhet a figyelmünk, ha pedig teljesen becsukjuk, ködös vagy tompa lesz a tudatunk. Az elején azonban a finoman becsukott szem segíthet mélyebb relaxációs állapotba kerülni. Ha rövid ideig így meditálunk, természetes módon kiegyensúlyozottabbak leszünk, és esetleg ki akarjuk nyitni kissé a szemünket. Ha a meditáció során egy vizualizált tárgyra összpontosítunk, vagy ha túlságosan feszült a tudatunk, valószínűleg segít a szem behunyása.

Több különböző módszer van a tekintet irányítására. Az első lehetőség egyenesen magunk elé nézni bármilyen, nem túl élénk színre vagy egy kellemes vagy szent tárgyra, például egy virágra vagy Buddha képére. A második gyakoribb módszer a szem lefelé irányítása; finoman és békésen irányítsuk tekintetünket abba a térbe, amely kicsivel az orrunk hegye előtt van. A szemünk legyen nyugodt, ne fókuszáljunk túl erősen, és pislogjunk természetesen. Mindkét módszer alkalmas kezdők számára. Egy további módszer a tágas térbe való fölfelé nézés teljesen nyitott szemmel. Ez egészen természetes lesz, ha a tudat már elérte a nyugalom bizonyos szintjét, és kezd feltárulni a tiszta belátás állapota. Egy másik módszer, amelyet a tibeti buddhizmus Dzsonang hagyományában széles körben gyakorolnak, hogy egy teljesen sötét szobában meditálunk, tágra nyílt szemekkel, és felfelé nézünk, körülbelül tizenkét hüvelyknyire a homlokunk előtt összpontosítva a mindent átölelő sötétségbe.

Aki kitartóan gyakorolja a hétpontos testtartást, nem törődve vele, hogy eleinte milyen nehéznek és fájdalmasnak tűnhet, végül nagyon kényelmesnek fogja érezni, és az egészségének is használni fog. A legfőbb előnye azonban az, hogy hosszú távon segíti a meditációs gyakorlást és a szellemi fejlődést. Ha nem nagyon foglalkoztat minket az intenzív gyakorlás és a samata elérése, bármilyen olyan testhelyzetben is hatékonyan gyakorolhatunk, amelyet kényelmesnek és pihentetőnek érzünk.

(iii) A helyes hozzáállás

Számos „belső feltétel" szükséges a sikeres meditációs gyakorlathoz. A théraváda tanítások szerint a lemondás a legfontosabb feltétel – ez azt jelenti, hogy felismerjük a szenvedés igazságát, és a meditációt a szenvedés leküzdésére alkalmas eszköznek tekintjük. Vannak, akik ezt szem előtt tartva kezdik el a meditációt, mégis elfelejtik ezt a szándékot, és önelégültekké válnak, ha gyakorlásuk jól megy, vagy életük javul. Buddha ezt ahhoz az emberhez hasonlította, aki tűzifát keres, de ehelyett levágja a fáról az ágakat vagy a kérget, azt gondolva, hogy az a tűzifa.

A tibeti hagyományban a kilencedik Karmapa négy feltételt ír le, amelyek a sikeres meditációhoz szükségesek: a lemondás, a képzett Dharmamesterre való támaszkodás, a nem felekezeti szemlélet és az elvárásoktól mentes tudat. Ha a mahájána ösvényét követjük, fontos, hogy mások megvilágosodását fontosabbnak tartsuk, mint saját megszabadulásunkat, felidézve a bódhicsitta különleges motivációját, és kérve a Buddha vagy a dharmatanító támogatását. Ezt a motivációt a gyakorlatunk végén is fel kell idéznünk, majd fel kell ajánlanunk minden lény megvilágosodásának javára. Ez biztosítja, hogy gyakorlatunk érdemei nem vesznek el és növekedhetnek; különben a negativitás csökkentheti vagy megsemmisítheti őket.

Amint belekezdünk a gyakorlásba, el kell engednünk személyes történetünket, és félre kell tennünk minden, múltra vagy jövőre vonatkozó aggodalmat. Próbáljuk a tudatunkat a jelen pillanatra irányítani, és mentesíteni a zavaró dolgoktól és elvárásoktól. Különösen fontos félretenni azokat a gondolatokat, amelyekkel megkérdőjelezzük, hogy a gyakorlásunk jól halad, ugyanakkor azt se hagyjuk, hogy elragadjon a büszkeség és az izgatottság, ha jó tapasztalatot szerzünk a meditáció során.

(iv) Bevezető gyakorlatok

Ahhoz, hogy nyugodt és fogékony tudattal kezdhessünk neki a meditációnak, hasznosak a következő előkészítő gyakorlatok, amelyek segíthetnek elérni ezt.

Az első egy rövid gyakorlat a tibeti hagyományból, amelyet a szennyezett levegő kilégzésének neveznek, és amelynek során minden szennyeződést erőteljesen kifújunk az orrlyukainkon keresztül. Ez segít eltávolítani a finom testből a nemkívánatos energiaáramlatokat, amelyek a ragaszkodással, az ellenérzéssel és a nemtudással kapcsolatosak. Minthogy a légzés és a tudat szoros kapcsolatban van egymással, ez a gyakorlat kiváló kezdőpontja minden meditációnak.

Ennek a gyakorlatnak egy egyszerű változata az, hogy háromszor mély lélegzetet veszünk, minden alkalommal belélegezve, egy ideig benttartjuk, majd erőteljesen kilélegzünk mindkét orrlyukon keresztül, miközben vizualizáljuk az összes tisztátalan energiát, mint például a vágyat és a gyűlöletet, amelyek elhagyják a tudatot és a testet. Ezt a meditáció során bármikor megismételhetjük, ha úgy érezzük, hogy elveszítjük a fókuszt.

Ennek egy kicsit kidolgozottabb változata kilenc lélegzetvételből áll. Először lélegezzünk be mélyen a jobb orrlyukon keresztül, miközben a bal hüvelykujjunkkal lezárjuk a bal orrlyukat. Ha stabilizálni szeretnénk a bal kéz helyzetét,a bal mutatóujjat a homlok közepén tarthatjuk. Ezután a bal középső ujjunkkal zárjuk le a jobb orrlyukat, majd engedjük el a bal orrlyukat, és a bal orrlyukon keresztül lélegezzünk ki. Ismételjük meg ezt háromszor, majd lélegezzünk be mélyen a bal orrlyukon keresztül, miközben továbbra is lezárva tartjuk a jobb orrlyukat a bal középső ujjunkkal; majd a bal hüvelykujjal zárjuk le a bal orrlyukat, és engedjük el a jobb orrlyukat, és a jobb orrlyukon keresztül lélegezzünk ki. Ismételjük meg ezt háromszor. Végül tegyük vissza a kezünket az ölünkbe, és mindkét orrlyukon keresztül lélegezzünk be mélyen, majd mindkét orrlyukon keresztül lélegezzünk ki. Ismételjük meg ezt háromszor, összesen kilenc lélegzetvétellel.

A légzésgyakorlat után egy hasznos gyakorlat a test oldalirányú ringatása, majd figyeljük meg az érintkezési pontokat és a körülöttünk lévő hangokat. Ellenőrizzük, hogy a gerincünk egyenes-e, és finoman ringassuk a testünket egyik oldalról a másikra, miközben a mozdulatok egyre kisebbé és kisebbé válnak, míg végül el nem éri természetes nyugalmi helyzetét. Ezután figyeljük meg a lábunk vagy a lábfejünk és a padló, a fenekünk és az ülőhelyünk, valamint a kezünk és az ölünk közötti érintkezési pontokat, majd gyorsan ellenőrizzük, hogy a hasunk, vállaink, nyelvünk és az állkapcsunk ellazultak-e. Végül tudatosítsuk a körülöttünk lévő hangokat – előttünk, mögöttünk és mindkét oldalon –, egyszerűen csak legyünk befogadóak, és csak figyeljünk minden reakció nélkül. Most készen állunk a meditációra.

MÁSODIK FEJEZET

A Légzés, Mint a Meditáció Tárgya és a Meditáció Szakaszai

Most ismertetem, hogyan használhatjuk a légzést a meditáció tárgyaként, és hogyan vezethet ez fokozatosan a samata eléréséhez. Mivel a modern világban sok ember él nagyon mozgalmas, ingergazdag környezetben, a túlzott gondolkodás és az izgatottság jelentik az elsődleges nehézségeket, amelyeket le kell küzdenünk. Ez gyakran összefügg a testünkben tárolt nagyfokú „idegi feszültséggel". A légzésmeditáció kiváló módszer ezeknek a megpróbáltatásoknak a leküzdésére, és ez volt a Buddha legszélesebb körben tanított meditációs módszere is.

A légzésmeditációt alapsémaként használva négy fejlődési szakaszról beszélhetünk: a jelen pillanat éber tudatossága, a tudat ráhelyezése a tárgyra, a tudat tárgyon tartása és a tudat finomhangolása (ami a samatához vezet). Ez a rendszerezés a tibeti hagyomány *kilenc fokozatos figyelmi állapotát* öleli fel Buddha Maitréja és Kamalasíla tanításait, valamint a théraváda hagyományban az *Ánápánaszati Szúttában* bemutatott légzésmeditáció szakaszait alapul véve. Az első két szakaszban az ellazulás, míg a harmadik szakaszban az éberség vagy a figyelem stabilitása kap hangsúlyt. A megfelelő ellazulás és stabilitás elérése után az éberség vagy a figyelem élénksége a későbbi szakaszokban hangsúlyos.

"Elértünk" egy bizonyos szakaszba, ha a meditációs ülésünk nagyobb részében a meditációban szerzett tapasztalataink

A légzés mint a meditáció tárgya

megegyeznek a meditáció szakaszának leírásával. Mindazonáltal úgy tűnhet, hogy az elért szakasz ülésenként jelentősen eltérhet, ezért fontos, hogy a módszert a saját lelkiállapotunkhoz igazítsuk. Ha például a tudatunk sokkal izgatottabb, mint máskor, akkor jó ötlet az elejéről kezdeni, először kialakítva a légzés által lehorgonyzott test, érzések és tudat ellazult éberségét. Általában gyorsan haladunk át a kezdeti szakaszokon, mielőtt elérnénk a „szokásos szakaszt", mindaddig, amíg nem felejtjük el, hogy ne rohanjunk túl gyorsan. A „figyelmes türelem" a haladás legbiztosabb módja.

Ne feledjük azt se, hogy a meditáció módja soha nem meghatározott, és bármelyik szakaszban dönthetünk úgy, hogy egy másik tárgy vagy meditációs módszer előnyösebb a számunkra. Például, amikor elérünk egy bizonyos koncentrációs szintet, lehet, hogy a meditációnk tárgyának szívesebben választjuk a nyitott tudatosságot, használhatunk vizualizációt és mantrát, vagy esetleg több időt szánunk a tanulásra és az analitikus meditációra. Bármelyik tárgyat is választjuk, a samatához vezető szakaszok továbbra is érvényesek a meditációs gyakorlatunkra.

I. A jelen pillanatának tudatosítása a légzéssel

Sokan nehezen tudnak azonnal dolgozni egyetlen meditációs tárggyal. Ennek az első szakasznak tehát az a célja, hogy olyan befogadó (de nem visszajelző) lelkiállapotot hozzunk létre, amely képes egyszerűen megfigyelni minden külső ingert anélkül, hogy reagálnánk vagy beleveszénk azokba. Ezenkívül a légzés segítségével megszilárdíthatjuk tudatosságunk és tudatosan ellazíthatjuk a testünket. Így gyorsan létrehozhatunk egy olyan lelkiállapotot, amely egyszerre nyugodt és éber, nem túl feszes és nem túl laza.

Mi az az éberség?

Szó szerint ez azt jelenti, hogy a tudat „telve van" bármit is tapasztal. Ez az, amikor csak megfigyeljük a tapasztalásainkat, és egyszerűen jelen maradunk azzal, ami van, anélkül, hogy megfogalmaznánk vagy gondolkodnánk azon, mi történik. Egy théraváda tanító öt jellemzővel írta le az éberséget:

1. *Központi jelentudatosság.*
2. A figyelem *megtartása* és *irányítása,* akár nyitott befogadással, akár összeszedettebb összpontosítással.
3. *Nem ítélkező* tudatosság, inkább visszalép, mintsem az ítéletben ragadna, és úgy látja a dolgokat, ahogy vannak, és nem úgy, ahogyan mi látjuk.
4. *Befogadó* minőség, nyitott az élmények teljes skálájára, ellenállás vagy reakció nélkül, mint egy parabola antenna, amely információkat fogad.
5. *Személytelen* tudatosság, amely nem veszi fel vagy érzi személyesnek mindazt, amit megfigyel vagy felismer, beleértve minden fájdalmas gondolatot, érzést és érzékelést.

Az éberség fejlesztéséhez először tisztában kell lennünk a tapasztalatainkat alkotó különböző alapfogalmakkal. Ezt hosszasan leírja a Szatipatthána Szutta tanítása, amely az éberség négy alapjaként ismert. Ezek a következők:

1. *A test ébersége*

Ez jelenti a légzés tudatosságát, annak ismeretét, hogy hosszú vagy rövid lélegzetet tapasztalunk, azt, hogy tudatában vagyunk a légzés mozgásának és annak a nyugalomnak, mely az egész testre kihatással van. Idetartozik még: a testhelyzet ébersége (felismervén, mikor járunk, állunk, ülünk vagy fekszünk), annak tudatosítása, hogy merre megyünk, hogyan mozgunk, eszünk, iszunk és ürítünk. Éberség a beszédben és a csendben, éber tudatossága testünk nem vonzó vonásainak, a testünket alkotó elemeknek, valamint a halálnak és a mulandóságnak.

2. *Az érzelmek ébersége*

Ez magában foglalja azt, hogy egyszerűen felismerjük, mikor tapasztalunk kellemes, fájdalmas vagy semleges érzést. Ez történhet az öt érzékszervvel való érintkezés révén vagy a mentális tárgyakkal való érintkezés révén, beleértve az észleléseket, emlékeket, gondolatokat és mentális képeket. Finomabb érzések is felmerülhetnek, ha a tudatunk nyugodt, mint például a testünket átható gyönyör vagy a boldogság érzése.

A tudatállapotok ébersége

Ebbe beletartozik annak ismerete, hogy a vágyakkal rendelkező tudat vágyakkal rendelkező tudat, míg a vágy nélküli tudat vágy nélküli tudat. Hasonlóképpen tudatában vagyunk, mikor van jelen a harag, a tudatlanság, a beszűkülés, a zavarodottság és más állapotok, és tudjuk, mikor hiányoznak ezek. Annak is tudatában vagyunk, hogy a tudatunk mikor koncentrált és felszabadult, és mikor nem ez a helyzet.

3. *A jelenségek ébersége*

Ez azt jelenti, hogy tudatában vagyunk a tudat minden jelenségének vagy tartalmának. Magában foglalhatja az érzékszervi tárgyak, például a hangok, vizuális tárgyak, ízek, szagok és a tapintás érzeteinek tudatosságát, valamint a mentális tárgyak, például az emlékek és gondolatok burjánzásának tudatosságát. Ugyanakkor arra is utal, hogy tudjuk, az ilyen jelenségek természete állandótlan, szenvedésteli (vagy irányíthatatlan), és mentesek az önvaló természettől.

Összefoglalva, az éberség azt jelenti, hogy tudatában vagyunk a tapasztalatok teljes körének, a test tudatosságáról kezdve, kiterjesztve az érzésekre, mentális állapotokra, érzékszervi tárgyakra és mentális tárgyakra. Ekkor felfedezhetjük, hogy tudatunk érezheti a „teljességet" a töredezettség, anyagtalanság vagy a gondolatokba bonyolódás helyett. A Szatipatthána Szutta azt is kijelenti, hogy mindezeket a tárgyakat úgy kell szemlélnünk, mint amelyek „megjelennek elmúlnak és egyszerre megjelennek és elmúlnak", valamint „belső, külső, és egyszerre belső és külső" jelenségek. Ez mélyebbé teheti az éberség gyakorlását, segít kiterjeszteni azt a külvilágra, és összehangolni tapasztalatainkat a buddhista valóságszemlélettel.

4. *Éberség a légzésre figyelés által*

Bár lehetséges az éberség gyakorlása úgy, hogy egyszerűen odafigyelünk arra, ami a tapasztalásunk során felmerül, még hasznosabb lehet, ha ezt az élményt a légzés tudatosságához kötjük. A Buddha ezért tanította az Ánápánaszati Szuttát, hogy megmutassa, a légzés ébersége hogyan teljesítheti az éberség négy alapját, és hogyan vezethet ez a megszabaduláshoz.

Ez a szutta tizenhat tudatos lélegzetvételhez ad útmutatást, ami egy gyors és hatékony módszer a tudat lenyugtatására és egyúttal tapasztalataink tiszta tudatosítására. Ez a tizenhat légzés a koncentráció tizenhat szakaszára is utal, amelyeket egymás után hajtunk végre; itt azonban együtt tekintjük őket.

Ennek a gyakorlatnak a megkezdéséhez keressünk egy csendes helyet, és alakítsuk ki a helyes testtartást, egyenes testtel, és tudatosan figyeljünk légzésünk természetes be- és kiáramlására. Mondhatjuk, vagy csak egyszerűen gondoljuk magunkban a következőket:

A hosszú belégzéskor tudatában vagyok a hosszú
   (vagy a rövid) légzésnek, a hosszú kilégzéskor tudatában
   vagyok a hosszú (vagy rövid) légzésnek
Belégzéskor tudatában vagyok a rövid belégzésnek,
   kilégzéskor tudatában vagyok a rövid kilégzésnek
Belégzéskor tudatában vagyok a testnek,
   kilégzéskor tudatában vagyok a testnek
A belégzés megnyugtatja a testet,
   a kilégzés megnyugtatja a testet
Belégzéskor tudatában vagyok az érzéseknek,
   kilégzéskor tudatában vagyok az érzéseknek
A belégzés megnyugtatja az érzéseket,
   a kilégzés megnyugtatja az érzéseket
Belégzéskor tudatában vagyok az örömnek,
   kilégzéskor tudatában vagyok az örömnek
Belégzéskor tudatában vagyok a boldogságnak,
   kilégzéskor tudatában vagyok a boldogságnak

Belégzéskor tudatában vagyok a tudatnak,
   kilégzéskor tudatában vagyok a tudatnak
A belégzés megörvendezteti a tudatot,
   a kilégzés megörvendezteti a tudatot
Belégzéskor a tudat összpontosít,
   kilégzéskor a tudat összpontosít
A belégzés felszabadítja a tudatot,
   a kilégzés felszabadítja a tudatot
Belégzéskor tudatában vagyok a mulandóságnak,
   kilégzéskor tudatában vagyok a mulandóságnak
Belégzéskor tudatában vagyok az elmúlásnak,
   kilégzéskor tudatában vagyok az elmúlásnak
Belégzéskor tudatában vagyok a megszabadulásnak,
   kilégzéskor tudatában vagyok a megszabadulásnak
Belégzéskor tudatában vagyok az elengedésnek,
   kilégzéskor tudatában vagyok az elengedésnek

Ismételjük meg ezt a légzésciklust újra és újra, és figyeljük meg, hogyan válik tudatunk és testünk nyugodttá, világossá és jelenlévővé. Eleinte hasznos, ha csendben ismételgetjük az utasításokat magunkban, miközben be- és kilélegzünk, elmélkedve közben minden témán, különösen a mulandóságon. Elgondolkodhatunk például azon, hogy nincs egy állandó én a testünkben, az érzéseinkben vagy a tudatunkban, hogy ezek mindegyikének a „szenvedés" vagy irányíthatatlanság a természete, és hogy nincs „én", amely irányítja a történéseket. Végül elengedhetjük ezt, és „csak tudjuk", hogy légzés közben mindezekre a különféle elemekre figyelünk, így a tudatosság fogékonyabb állapotába lépünk. Aztán amikor a tudatunk elkalandozik, vagy elveszti az érdeklődését, visszatérhetünk az utasítások néma ismétléséhez, esetleg tömörítve, két, négy vagy nyolc éber lélegzetvétellel. Így váltogatva bizonyos gyakorlással képesnek kell lennünk a jó koncentráció fenntartására.

A légzéshez, mint az éberség „horgonyához" mindig visszatérhetünk, ha nehézségeink adódnak a meditációban vagy a mindennapi életben. Olyan ez, mint a tengerpart. A meditációban vagy az életben felmerülő kihívásokkal teli helyzetek olyanok, mint a hullámok az óceánban, de ha tudjuk, hogyan térjünk vissza a partra, elkerülhetjük, hogy a nyílt tengerre kerüljünk vagy a nagy hullámok elsodorjanak. Könnyedén visszatérhetünk ehhez a gyakorlathoz a mindennapi életben, mivel folyamatosan lélegzünk, és megtanuljuk az éberséget a légzéssel társítani. Hétköznapi tevékenységeink szüneteiben vehetünk néhány mély lélegzetet, és tudatosan abba az ellazult, éber állapotba hozhatjuk magunkat, amelyet a formális meditáció során alakítottunk ki.

II. A TUDAT RÁHANGOLÓDÁSA A MEDITÁCIÓ TÁRGYÁRA (MINT A SZIKLÁK KÖZÖTT LEZÚDULÓ VÍZESÉS)

Ha először kifejlesztjük a jelen pillanat éberségét, akkor felfedezhetjük, hogy az éber tudat hogyan élhet együtt egy ellazult testtel. Ezután egy összpontosított típusú koncentráció kialakítása érdekében egy szűkebb területre fókuszálhatjuk figyelmünket. Ha először egyetlen tárgyra összpontosítunk, az nagy valószínűséggel összehúzza a tudatot és a testet, ami súlyosbítja a már meglévő feszültséget. Ez különösen igaz a modern világra, ahol az emberek testében gyakran nagy mennyiségű feszültség raktározódik el.

Az *Ánápánaszati Szutta* szerint a leghatékonyabb módja ennek a gyakorlatnak az, ha egyszerűen megfigyeljük a légzést, és tudatosítjuk a hosszúságát vagy a rövidségét. Ezért mondjuk az alábbi mondatot:

> *A hosszú belégzéskor tudatában vagyok a hosszú*
> *(vagy a rövid) belégzésnek, a hosszú kilégzéskor*
> *tudatában vagyok a hosszú (vagy rövid)kilégzésnek*
> *Tudatában vagyok a rövid belégzésnek,*
> *tudatában vagyok a rövid kilégzésnek*

A meditáció kulcsa ebben a szakaszban az ellazult tudatállapot fenntartása, és a legnagyobb akadály, amellyel szembe kell néznünk, az, hogy a tudatunk hajlamos irányítani a légzést. Ez az utasítás tehát lehetővé teszi, hogy tudatában legyünk a légzés természetes áramlásának, ugyanakkor ellenálljunk a szabályozásának. A légzés szabályozására való hajlam elengedése (azáltal, hogy csak észrevesszük, mikor áll le magától) segít ellazulni, miközben a légzés hosszára irányított figyelem, növeli az éberséget.

A szutta nem határozza meg, hogy hol kell a légzésre összpontosítanunk. Az ellazulás eléréséhez előnyös, ha tudatában vagyunk a légzésnek az egész testen keresztül, mégis természetesebbnek találhatjuk, ha egy bizonyos területre, például a mellkasra vagy a hasra összpontosítunk. Ahogy tudatosul bennünk, hogy az egész test „lélegzik", a légzés érzékelése finomabbá válik. Ezt belső szélnek nevezzük, amely olykor úgy érezhető, mintha energiaáramok járnák végig a testet. Elképzelhetjük ezt a finom lélegzetet, ahogy kering a testünkben, sorban áthaladva az egyes részeken, vagy elképzelhetjük, hogy az egész testünk ki- és belélegzik, mintha a légzés hullámai haladnának keresztül a testünkön. Az is elősegítheti a test ellazulását, ha a nyelvünket az alsó fogsor mögé helyezzük, és lelassítjuk a kilégzést. Ha azonban ezek a módszerek nem nyugtatják meg a tudatunkat, akkor előfordulhat, hogy a testünk egy bizonyos részében feszültség van, ami talán bizonyos fájdalmas érzelmekhez kapcsolódik – ebben az esetben segíthet, ha a légzésünket kifejezetten erre a területre összpontosítjuk, kiterjesztve a légzést erre a területre és megfigyelünk mindent, ami itt megjelenik.

Egy másik technika ebben a szakaszban a légzés számlálása, minden légzést külön számolva. Az egyik módszer az „egy, egy, egy…" ismétlése egy be- és kilégzés során, majd a „kettő, kettő, kettő…" számlálva a következő légzéskor, és ezt ismételjük összesen tíz lélegzetvételig, mielőtt tíztől visszafelé számolnánk egyig. Alternatív módszer, ha külön számoljuk a belégzést (egy), majd a kilégzést (kettő), tízig haladva. Egy másik, a thai hagyományban használt módszer a Buddho mantra ismétlése a lélegzéssel együtt: Bud a belégzéssel és Dho a kilégzéssel.

A légzésmeditációnak ez a szakasza nagyjából megegyezik a tibeti rendszer első két figyelmi állapotával, ahol a meditációs utasítások megértése és az ellazult állapot elérése áll a középpontban:

1. A tudat ráhangolódása egy tárgyra

Kezdetben sok erőfeszítést igényel, hogy a tudatunkat a tárgyon tartsuk. Az a képességünk, hogy egy tárgyra fókuszáljunk kezdetben meglehetősen korlátozott, és csak rövid pillanatokra tudjuk ezt fenntartani. Még úgy is tűnhet, hogy a tudatunk zavarodottabb, mint a gyakorlás kezdete előtt, és azt érezhetjük, hogy a csapongó gondolataink növekszenek. Ez azonban valószínűleg csak annyit jelent, hogy most először tudatosodik bennünk a tudatunk szokásos állapota. Ez a felismerés nagyszerű első eredmény.

Ezt az első állapotot a tanítónk útmutatásait meghallgatva érhetjük el, amelyeket a meditációval és a tárgy kiválasztásával kapcsolatban ad. Akkor érjük el, ha legalább egy vagy két másodpercig képesek vagyunk a tudatunkat a kiválasztott tárgyra hangolni. Ha ez a tárgy a légzés, az első próbálkozásra elérhető, de ha komplex vizualizáció, akkor több hétbe is beletelhet.

2. *Folyamatos ráhangolódás*
Ebben a szakaszban a kizökkenés periódusai még mindig hosszabbak, mint a koncentráció periódusai, de gyakoribbá válnak azok az időszakok, amikor tudatunk a tárgyra fókuszál. A tudat stabilabbá válik, és olykor akár egy-öt percig is képesek vagyunk a megszakítatlan figyelmet fenntartani. A csapongó gondolatok szintén csökkennek. Ez a szakasz az önmegfigyelés erejével érhető el. Képesek vagyunk a tudatunkat a tárgyon tartani, de értelmünkkel még mindig újra meg újra emlékeztetnünk kell magunkat az instrukciókra.

Ezen első két figyelmi állapot célja a tudat hozzákapcsolása egy tárgyhoz, és ez összpontosított figyelmet jelent. A későbbi szakaszok viszont arra irányulnak, hogy a tudatot a tárgyon tartsuk. A fő hibák ezen a ponton, amelyeken felül kell kerekednünk, a *lustaság, különösen az utasítások figyelmes meghallgatásának elmulasztása* és a *meditációs tárgy elfelejtése.*

Ebben a szakaszban a gondolatok mozgása a tudaton keresztül a sziklák között lezúduló vízeséshez hasonlítható. Ez nem azt jelenti, hogy növekszik a gondolataink mennyisége, hanem inkább azt, hogy most először vagyunk ezeknek tudatában.

III. A tudat megtartása a meditációs tárgyon (mint a hegyszoroson átsiető folyó)

Az előző szakaszban kezdtük megtapasztalni a légzésre való folyamatos összpontosítást, amelynek során figyelmünket a lélegzetvételek hosszának tudatosítására irányítottuk, vagy számoltuk a lélegzetvételeket, miközben testünk egyre jobban ellazult. Ha már kifejlesztettünk bizonyos fokú stabilitást ezzel a módszerrel, egyszerűen hagyjuk figyelmünket a légzéssel együtt áramlani, teljes hosszában végigkövetve azt. A tudatunkat egyre jobban magába szívja a légzés a belégzés első pillanatától az utolsó pillanatáig, a rövid szünet érzékelése, majd a kilégzés követése az elejétől a végéig. Ilyen módon, egészen ellazult testtel, elkezdjük kifejleszteni a folyamatos tudatosságot, majd az éberséget. A szutta leírása szerint egyszerűen csak ennyit kell tudnunk:

Belégzéskor tudatában vagyok a testnek,
kilégzéskor tudatában vagyok a testnek

Ezt az iránymutatást általában úgy értelmezik, hogy a légzés hosszára vonatkozik, bár egyesek szerint azt jelenti, hogy tudatában kell lennünk a légzésnek, amely az egész testben mozog. Mint az előző szakaszban, ott koncentráljunk a légzésre, ahol természetesnek érezzük; vigyük lejjebb az összpontosítást (például a has tájékára), ha jobban el akarunk lazulni, és feljebb (például az orrunk hegyére), ha nagyobb éberségre van szükségünk.

Ugyanakkor légzés közben tartsuk fenn az egész test perifériás tudatosságát.

Ennek a szakasznak a célja, hogy annyira magába szívjon a légzés, hogy ne terelje el a figyelmünket semmilyen hang, látvány vagy kellemetlen érzés a testben. Ez különösen akkor hasznos, ha fáradt a testünk. Ahelyett, hogy hagynánk a tudatunkat elhomályosulni, tegyünk éber erőfeszítéseket az összpontosítás fokozására, és ragadjuk meg tisztán a légzés minden egyes pillanatát.

A megfelelő figyelmi állapotok, amelyeknek célja a tudatosság, majd az éberség kifejlesztése, a következők:

3. *Foltszerű vagy szakaszos ráhangolódás:*
    Ebben a szakaszban tudatába kerülünk a koncentrációnk bármiféle megszakadásának, és a tudatosság erejével kifejlesztjük azt a képességet, hogy a tudatot visszahozzuk a meditáció tárgyára, amint elkalandozik. Úgy képzelhetjük ezt el, mint amikor a kilyukadt ruhát megfoltozzuk. Ilyen módon visszaállítjuk a koncentrálást, és képesek vagyunk megszakítás nélkül összpontosítani, általában öt-tíz percig. Kezdünk tudatosabbá válni, így haladunk az igazi meditáció felé, amikor már jóformán minden meditációs gyakorlásunk alkalmával az idő nagy részében a tárgyon tartva marad a figyelmünk.
    Már ennek a harmadik állapotnak az elérése is nagy előrelépés, amelynek eredményeként a mindennapi életben jobban tudjuk irányítani a tudatunkat.

4. *Közelítő ráhangolódás*
Ezen a ponton az összpontosításunk olyan erős, hogy a tudat sohasem veszíti el teljesen a tárgyat, és az erős izgatottság többé nem jelent akadályt. Ezért a tudat a dolgok széles körétől visszahúzódik, és tovább szűkül az összpontosításunk. Bár képesek vagyunk folyamatosan tartani a tárgyat, még ki kell fejlesztenünk a világosság és az intenzitás egyre növekvő szintjeit, és le kell küzdenünk a finom szintű izgatottságot. Ekkor a tudatunk egy része elkalandozik a koncentráció tárgyáról, de nem veszítjük el teljesen. E negyedik szakasz során elérjük a tudatosság erejét, mivel már olyan stabilitással tudjuk megtartani a tárgyat, hogy mindig könnyen vissza tudunk térni rá, ha valami megzavar. De még mindig meg kell róla győződnünk, hogy ez a stabilitás nem megy-e az ellazultság rovására. Lehet, hogy alkalmaznunk kell olyan technikákat, amelyek ellazítják a tudatot, hogy legyőzzük a finom izgatottságot, ilyen például az, hogy a nyelvet az alsó fogsor mögött tartjuk.

5. *A tudat szabályozása*
Mostanra kifejlesztettük azt a képességet, hogy felül tudjunk kerekedni a durva tompaságon és izgatottságon, és megnöveltük tudatunk éberségét. Ebben az állapotban a fő akadály a finom tompaság vagy elmélyülés, amely akkor jelentkezik, amikor a tudat túlságosan visszahúzódik a külső tárgyaktól. Nagy a veszélye, hogy a stabil és békés tudatállapot jelmezében nem ismerjük fel a finom tompaságot. Ezért leküzdése sok fegyelmet és erőfeszítést kíván. Ennek az akadálynak az elhárítása a tudatosság megfeszítését igényli egyre növekvő éberségi szinteken. Ennek elérése nagy kihívást jelenthet a stabilitás

45

megingása nélkül, és sokszor egészen finom egyensúlyozást tesz szükségessé. Ezen a szinten emelkedettebb tudatállapotot kell létrehoznunk az inspiráció révén, például a samatha vagy a Buddha-tanítások pozitív minőségeinek a felidézésével. Ez segít a meditáció tárgyát felemelni, és kisebbé vagy élesebbé tenni. Ilyenkor ügyelnünk kell rá, hogy a nyelv a felső fogsor mögött pihenjen.

Ebben a szakaszban továbbra is felmerülnek önkéntelen gondolatok, bár ezúttal vízesés helyett egy hegyszorosban sebesen rohanó folyóhoz hasonlíthatók. Miközben még van kisebb ellenállás a gyakorlással szemben, erőfeszítéseink eredményei egészen nyilvánvalóvá kezdenek válni.

IV. A TUDAT FINOMHANGOLÁSA (MINT A VÖLGYBEN LASSAN HÖMPÖLYGŐ FOLYÓ)

Miután elértük a légzés folyamatos tudatosságát magas fokú fegyelemmel, el kell csendesítenünk a légzésünket. Ha túl hamar ugrunk erre a lépcsőfokra, a tompaság és az álmosság áldozatául eshetünk. Ezért meg kell győződnünk róla, hogy az előző szakaszokon túljutottunk, teljes mértékben tudunk a légzésre figyelni, mielőtt megpróbáljuk lecsendesíteni, mint ahogy egy vadlovat is előbb be kell fogni, és csak utána szelídíthetjük meg.

A Szutta a következő instrukcióval folytatódik:

A belégzés megnyugtatja a testet,
 a kilégzés megnyugtatja a testet
Belégzéskor tudatában vagyok az érzéseknek,
 kilégzéskor tudatában vagyok az érzéseknek

A belégzés megnyugtatja az érzéseket,
a kilégzés megnyugtatja az érzéseket

Itt nehézség merülhet fel, mert jelentős akaraterőt használtunk az előző szakaszok megvalósításához. Most finom és tartós elengedésre van szükség. Lehet ez egy finom kiegyensúlyozó cselekvés, amely segíthet lecsendesíteni a légzést és nagyobb hangsúlyt fektetni a test ellazítására. A Szutta így folytatódik:

Belégzéskor tudatában vagyok az örömnek,
kilégzéskor tudatában vagyok az örömnek
Belégzéskor tudatában vagyok a boldogságnak,
kilégzéskor tudatában vagyok a boldogságnak

Ez az öröm és boldogság felmerülésére utal (páli nyelven piti és szukha), ahogy a légzés lecsendesedik – mint a keleti horizonton felkelő hajnal arany fénye. Most teljesen fenntartott figyelmet fejlesztünk ki a „gyönyörű lélegzetre", és csak nyomokban marad zavaró gondolat. Ha hosszú ideig könnyen együtt tudunk maradni a tárggyal, sok örömöt és boldogságot tapasztalva, akkor nagyon összpontosítottá válik a tudat. Most megtehetjük a következő lépést, amely a Szutta szerint:

Belégzéskor tudatában vagyok a tudatnak,
kilégzéskor tudatában vagyok a tudatnak

Ebben a szakaszban a figyelmünk olyan kifinomult, hogy úgy tűnik, a légzés teljesen megszűnt, és helyét a finomabb *mentális jel* (nimitta) veszi át. A lélegzés fizikai érzése és a tapintható érzet

47

bezáródik, és a légzést tisztán mentális tárgyként tapasztaljuk meg, egyesek fehér fényként, mások kék gyöngyként vagy mámoros érzésként. Mint amikor a telihold felkel a felhők mögül, az öt érzék világa eloszlik, és tisztán láthatóvá válik a tudat. Ez a finom tárgy lesz a meditációnk középpontjában, és magasabb figyelmi állapotokba emel.

Ajahn Chah szerint e jel olyan, mint egy félénk állat, amelyik csak akkor jön közel hozzánk, ha teljesen mozdulatlanok vagyunk. Hasonlóképpen, ha teljesen mozdulatlanok vagyunk, a nimitták előjönnek, és csak akkor maradnak meg, ha továbbra is teljesen mozdulatlanok maradunk. Sötét szobához is hasonlítható, ahol ki tudunk venni alakokat, ha a szemünk már hozzászokott a sötétséghez. Ugyanígy, a mentális jel fokozatosan emelkedik fel a tudat forma nélküli csendjéből.

A Szutta következő két sora elmondja, mit tegyünk, ha felmerülnek a tompaság és az izgatottság finom formái, miközben a nimittára összpontosítunk:

> *A belégzés megörvendezteti a tudatot,*
> *a kilégzés megörvendezteti a tudatot*
> *Belégzéskor a tudat összpontosít,*
> *kilégzéskor a tudat összpontosít*

Előfordulhat, hogy a nimitta megtapasztalása tompa vagy foltokban jelentkező, mert mentális energiánk túl alacsony. Ennek ellenszere, ha több örömet hozunk a meditációba, és teljesebben tapasztaljuk meg ezt a finom mentális tárgyat. Erősebben összpontosíthatunk a jel közepére, élesíthetjük a figyelmünket, vagy visszatérhetünk a korábbi szakaszba, a gyönyörű lélegzésre való összpontosításra. Fokozható az örömünk, ha felidézzük az olyan erények előnyeit, mint például a szerető kedvesség.

Ha azonban a nimitta megjelenése nem stabil, azon kell lennünk, hogy a tudatunk tökéletesen elnyugodott és koncentrált legyen. Ez nemcsak azt jelenti, hogy mozdulatlanul kell tartanunk a képet, hanem mozdulatlanul kell tartanunk az érzékelőt is, a tudatnak azt az aspektusát, amelyik „látja" a képet. Amikor először merül fel a nimitta, félelmet vagy izgatottságot élhetünk át, csakúgy, mint amikor először találkozunk egy idegennel. Ugyanúgy, ahogy megtanulunk ellazulni egy idegen társaságában is, ha már jobban megismertük, a tudatunkat is megtanuljuk ellazítani egy kicsit, és jelenlétben tudunk maradni a gyönyörű nimittával.

Két figyelmi állapot van, amely a légzésmeditáció ezen szakaszainak felel meg:

6. A tudat lecsendesülése

Az előző szakaszban a finom tompaságot legyőzhettük, azonban nyomai még maradhattak. Most annak a veszélye áll fenn, hogy túlzottan felélénkül a tudatunk, ami finom izgalmat vagy izgatottságot okoz, és ezt le kell csendesíteni. Ebben a szakaszban a megszakítatlan figyelem által csiszolt tudatosság és éberség erősebbé válik. Előfordulhat, hogy tudatunkat lazítjuk, amikor a finom izgalom megjelenik; erre időnként szükség lehet, bár ebben a szakaszban fokoznunk kell az éberséget, és megfeszíteni a tudatot, hogy felülkerekedjünk rajta.

Az ötödik szakaszban a finom tompaságot az inspirált éberség ereje győzi le, most pedig ebben a hatodik szakaszban a teljes éberségnek nevezett erősebb képesség is kifejlődik. Ezzel a finom izgatottsággal szembeszállhatunk, bár még nem tudjuk teljesen kiküszöbölni. A figyelem minősége így hasonlóvá válik a tiszta rádióadáshoz, amelyet nem zavar meg külső zaj vagy légköri hatás. Ezen a szinten már nem tapasztalunk ellenállást a meditációs gyakorlással szemben, és üléseink akár egy óráig vagy még tovább is tarthatnak.

7. A tudat teljes lecsendesülése

Inspirációval és kitartással tovább fejleszthető a teljes éberség, így a finom tompaság és izgatottság nyomai is teljesen megszűnnek. Így tehát képesek vagyunk elhárítani ezeket a finom akadályokat már létrejöttük pillanatában a lelkes igyekezet erejének segítségével. Ilyen módon, amint kezdenénk elmerülni, felélénkítjük a figyelmünket, és amikor izgatottak leszünk, kicsit lazítunk rajta. Így gyorsan felismerjük ezeket a figyelmi kiegyensúlyozatlanságokat, és egészen finom kiigazításokkal könnyedén orvosoljuk.

V. A TUDAT EGYESÍTÉSE (MINT A HULLÁMOKTÓL MENTES MOZDULATLAN ÓCEÁN)

A légzéstudatosság gyakorlata mostanra teljesen átalakult egy gyönyörű és stabil mentális jel, a nimitta tudatosságába. A tompaság és izgatottság majdnem minden nyomának a felszámolása után a meditáció simán és erőfeszítés nélkül halad. Megtanulunk teljesen bízni a tapasztalatunkban és a tárgyban elmélyedve maradni, miközben megpróbálunk lemondani minden kontrollról, mivel a nimitta intenzív szépsége közreműködésünk nélkül is leköti a figyelmünket. Egyszerűen élvezzük, ahogy hol a középpontra vonódik a figyelmünk, hol pedig kiterjed és beburkol a fény.

A félénk állat példáját folytatva, amely csak akkor merészkedik közel hozzánk, ha mozdulatlanok maradunk, azt fogjuk észrevenni, hogy egyre több állat ölt testet, ahogy növekszik az elnyugodottságunk. Először csak közönséges állatok jelentek meg, de most már különös és csodálatos állatok is kezdenek előtűnni. Hasonlóan, további nimitták is megjelennek, amelyek a meditáció még mélyebb szintjeire emelnek bennünket. Ilyen egy még finomabb mentális jel, a *hasonmás-jel* (patibhaga nimitta), amely úgy jelenik meg, mintha kitörne a finom szerzett jelből. Lényegesen letisztultabb, és sem színe, sem formája nincs. Ennek a jelnek a megjelenése a samatha elérését jelenti. A Buddha Ánápánaszati gyakorlatának utolsó szakaszai a dzsána meditáció és a belátás tapasztalására utalnak, amelyekről később lesz szó.

Ez a leírás egyenértékű a két utolsó figyelmi állapottal, amelyek közvetlenül a samathához vezetnek:

8. Egyhegyű ráhangolódás

Ebben az állapotban spontán képességet fejlesztünk ki arra, hogy egyhegyűen tartsuk a figyelmünk a tárgyon, amilyen hosszú ideig csak kívánjuk. A meditáció elején egy kis erőfeszítést kell tennünk, de utána már megszakítás és további erőfeszítés nélkül visz magával a gyakorlás sodra. A finom elmélyülés és izgatottság a lelkes igyekezet erejének hatására csekély erőfeszítéssel megszűnik. Ebben a nyolcadik állapotban elérjük a megszakítatlan figyelmet, ami azt jelenti, hogy a tudat folyamatos elmélyedéssel összpontosít a koncentráció tárgyára. Ez ellentétben áll az eddigi szakaszokkal, amelyeket megszakított figyelemmel értünk el.

Ezen a szinten az erősen összpontosított figyelmet hozzávetőlegesen három óráig is fenn tudjuk tartani, és tudatunk olyan elnyugodott, mint a „hullámoktól mentes mozdulatlan óceán"; csak az alkalmankénti fodrozódás borzolja fel.

9. Egykedvűség

A kilencedik állapotban erőfeszítés nélkül lépünk be, és maradunk benne a mély meditációban. A tudat erőfeszítés nélkül és spontán módon hangolódik rá a vele összhangban lévő tárgyra. Ez a teljes hozzászokás és a spontán figyelem ereje által érhető el. A tudat most tökéletesen békés, és a finom tompaság és izgatottság felmerülése többé nem lehetséges a meditációs ülés során. Képesek vagyunk legalább négy órán keresztül hibátlan koncentrációt fenntartani. Azonban ha megszakítjuk a gyakorlást, a tompaság és az izgatottság visszatérhet, mert nem küszöböltük ki teljesen.

Ennek a kilencedik figyelmi állapotnak az elérése a „vágy birodalmában" a csúcspont elérése, amely az emberi lények mentális állapotát írja le. Ez természetes módon vezet a samata eléréséhez.

10. A Samata elérése

Amikor ténylegesen elérjük a samatát, radikális változás megy végbe a testünkben és a tudatunkban, ahhoz hasonló, mint amikor a pillangó kikel a bábból. Ebben a szakaszban tudatunk túllép a vágy birodalmán, és bebocsátást nyer a forma birodalmába, a tudatosság finom dimenziójába, amely túlmutat a fizikai érzékek birodalmán.

Ez a változás rövid idő alatt végbemenő speciális tapasztalásokkal jellemezhető. Először is, nagy erejű szél lép be a fejtetőn, és szétárad egész testünkben, amelyet úgy érzékelünk, mintha gyönyörteli dinamikus energia erejével töltődnénk fel. Testünket és tudatunkat különös rugalmasság hevíti, a test szárnyra kap, és mentessé válik a fizikai működési zavaroktól, ami a tudatot túláradó örömmel tölti el. Teljes frissességet és megnövekedett szellemi kapacitást tapasztalunk, és tudatunk a szél által el nem fújt olajlámpáshoz hasonlítható, amint ragyogóan és tisztán pihen.

Ha már elértük a samatát, tetszés szerint beléphetünk ebbe az állapotba, és megszakítás nélkül addig meditálhatunk, ameddig csak kívánunk. Még az alapvető szükségletekre, élelemre, vízre és alvásra sincs szükségünk az életben maradáshoz. A meditáció alatt figyelmünk teljesen visszahúzódik a fizikai érzékektől, a csapongó gondolatoktól és a mentális képektől, jóllehet bizonyos idő után utasíthatjuk magunkat a meditációból való kilépésre. Ugyanakkor a szenvedésre való hajlam nem szűnik meg teljesen, és bizonyos feltételek esetén erős érzelmek is felszínre törhetnek. Ha azonban képesek vagyunk őszintén lemondani a világi aggodalmakról, és szeretnénk megszabadulni a szenvedéstől, a megvalósításnak ezen a szintjén a samata eszközként használható ahhoz, hogy közvetlen betekintést nyerjünk a mulandóság, a szenvedés és az éntelenség valóságába. Ez a gyötrelmes érzelmek és mentális állapotok teljes megszűnéséhez vezethet, miután felismerjük, hogy nem létezik az „én", ezeknek a tudatállapotoknak nincs mibe kapaszkodniuk. Ez a nirvána.

VI. A SAMATA ÖSVÉNYÉNEK ÖSSZEFOGLALÁSA

Szokásos a tibeti hagyomány kilenc haladó figyelmi állapotát egy elefánt, egy majom és egy szerzetes ábrázolásával szemléltetni,

A mentális fejlődés 9 progresszív szakasza: a tanulás hat ereje,
szemlélődés, emlékezet, megértés, szorgalom és tökéletesség

ahogy lejjebb láthatjuk. Öt szimbólum képviseli az öt érzékszervi tárgyat, a tudat izgatottságának tárgyait. A fekete elefánt a durva mentális tompaságot, a fekete majom a durva izgatottságot, a szerzetes pedig a meditálót jelképezi.

Először az elefánt teljesen a fekete majom irányítása alatt van, ami azt jelképezi, hogy természetes módon mennyire a zavaró tényezők hatása alatt állunk. A szerzetesnek eleinte nagyon keményen kell dolgoznia, hogy ellenőrzése alá vonja a tudatot, ezt a nagy erőfeszítést szimbolizálja a tűz. Állhatatosságával a szerzetes fokozatosan képes irányítása alá vonni az elefántot, tehát nagy fegyelemmel kezdünk felülkerekedni a mentális tompaságon. Az elefánt egyre fehéredik, ami a durva tompaság lassú megszűnését fejezi ki a meditáció erőfeszítése során. Ezen a ponton azonban kis fekete nyúl jelenik meg az elefánt hátán, amely a finom tompaságot jelképezi. Szorgalmasan folytatva a meditációs gyakorlást, a következő szakaszba jutunk, ahol a majomnak már nincs hatalma az elefánt fölött. Mivel még mindig nehézséget jelent a már ritkábban jelentkező izgatottság és tompaság, a majom nem tágít, és alkalmanként megzavar. Ez azt jelenti, hogy csak időnként adódnak nehézségeink az izgatottsággal és a mentális tompasággal.

Ahogy a majom egyre kevésbé és kevésbé zavar, a szerzetes jobban irányítása alá tudja vonni az elefántot, amely lassanként teljesen kifehéredik. Az elefánt addig fehéredik, amíg teljesen fehér nem lesz. Ezen a ponton a majom már egyáltalán nem tudja irányítani az elefántot. Végül elérjük azt a szakaszt, amikor a majomnak már semmi hatása az elefántra, tehát tudatunk teljesen lecsendesedett. Ekkor már nem az érzelmeink irányítanak, hanem nekünk van teljes hatalmunk fölöttük. Ezt jelképezi a lecsillapított elefánt mellett meditáló szerzetes. Ezen a szakaszon túl a szerzetes már az elefánt hátán ülve meditál. Még tovább menve két szivárvány tűnik elő a szerzetes szívéből, ami azt szimbolizálja, hogy a samata meditáció elsajátításával természetfölötti erőre teszünk szert. Ekkor már képesek vagyunk az egyhegyű tudatot a betekintő vagy a vipasjaná meditáció kifejlesztésére összpontosítani. Attól függően, hogy melyik utat követjük, a betekintés mélyülésének különböző szakaszain haladunk keresztül, míg végül el nem érjük a megvilágosodást.

A théraváda hagyomány szerint a samata elérése a légzés mint tárgy használatával a dzshánák megtapasztalásának küszöbére juttat minket – a koncentráció olyan állapotaiba, amelyek még ragyogóbbak és még erőteljesebbek, és közvetlenül a betekintéshez vezetnek. A Buddha ezt az ösvényt úgy összegezte, hogy a légzés tudatossága „olyan dolog, amely, ha kifejlesztjük és alkalmazzuk, négy dolgot teljesít be" – *az éber tudatosság négy alkalmazását.* Ez a „négy dolog, ha kifejlesztjük és alkalmazzuk, hét dolgot teljesít be" – *a megvilágosodás hét tényezőjét*: éber tudatosság, elmélyedés, energia, öröm, nyugalom, koncentráció és egykedvűség. Ez a „hét dolog, ha kifejlesztjük és alkalmazzuk, két dolgot valósít meg" – a valódi tudást és a megszabadulást.

A szövegek azt állítják, hogy a samata eléréséhez általában legalább hat-tizenkét hónapos teljes idejű gyakorlásra van szükség, de ez egyénenként jelentősen eltér. A tibeti buddhizmus Dzsonang hagyományában a samata elérése érdekében egy sötét szobában végzik gyakorlatukat és a legjobb meditálóknak ez mindössze száz napig tart. Ennek a tantrikus gyakorlatnak a megkezdéséhez azonban általában szükség van bizonyos előkészületekre, mivel ez meglehetősen haladó szint.

HARMADIK FEJEZET

A Meditációs Gyakorlat Akadályai

A meditációs gyakorlat akadályainak ismerete elengedhetetlen ahhoz, hogy megértsük elménk jelenlegi állapotát, és felfedezzük, hogyan lehet legyőzni a nem kívánatos érzelmeket és mentális állapotokat. A meditáció során felmerülő akadályok gyakran ugyanazok, mint amelyek a mindennapi életben is akadályoznak, így nagyon hasznos készségre teszünk szert, ha a formális gyakorlás során megtanuljuk kezelni őket. Az akadályok tudatosítása segíthet abban, hogy valósabb képet alakítsunk ki jelenlegi képességünkről, és így el tudjuk kerülni az irreális elvárásokat a gyakorlásunkkal kapcsolatban. Így az idő múlásával könnyebben kifejleszthetünk konstruktív szokásokat. Haladóbb szinten pedig segíthet azonosítani, hogy a meditációs ösvény melyik szakaszához értünk el, és hogyan juthatunk még tovább.

A Théraváda hagyomány öt akadályt ír le – érzéki vágy, rosszindulat, nyugtalanság, lelkiismeretfurdalás és bizonytalanság (vagy kétség). Ezek mindegyike speciális gyógymódokkal legyőzhető, és a meditáció bizonyos előrehaladott szakaszaiban teljesen eltávolíthatók. A mahájána hagyomány pedig a meditációs gyakorlat öt hibájáról beszél, amelyek a kilenc figyelemi állapot során különböző mértékben fordulnak elő, és ezeket nyolc megfelelő ellenszer alkalmazásával lehet legyőzni. Először leírom az öt akadályt, majd elmagyarázom az öt hibát, azok ellenszereivel együtt. Ezt követi az öt módszer leírása a zavaró gondolatok eltávolítására a Théraváda hagyományt követve.

A meditációs gyakorlat 5 akadálya

I. Az öt akadály

Az öt akadály teljesen uralhatja gyakorlásunkat, ahogy azonban a meditációs ösvényen haladunk, fokozatosan gyengülni fognak és elapadnak, és felfedezhetjük a természetesen nyugodt és tiszta tudatot.

Ez az öt akadály a következő:

1. Érzéki vágy

Ezt egy agyagos erdei pocsolyához hasonlítják. Ha megvizsgálnánk az arcunk tükröződését ebben a víztócsában, nem ismernénk fel, és nem látnánk tisztán. Hasonlóképpen, ha az érzéki vágy uralja a tudatunkat, és nem tudjuk, hogyan szabaduljunk meg ettől a lelkiállapottól, akkor nem látjuk olyannak a valóságot, amilyen, és képtelenek vagyunk magunknak vagy másoknak a hasznára válni.

Az érzéki vágy nemcsak a féktelen vágyra utal, hanem az öt érzékszerv tárgyaihoz – kellemes látványhoz, hangokhoz, illatokhoz, ízekhez és a tapintás észleléséhez – való ragaszkodásra is. Ezen az akadályon úgy kerekedhetünk felül, ha apránként hagyjuk el. Először megtanulunk tudatosak, és befogadóak lenni az érzékelés tárgyai felé anélkül, hogy reagálnánk rájuk, így fokozatosan egyre kevésbé fognak zavarni és elvonni minket a meditációtól. Akiben erős az érzéki vágy, meditálhat a test visszataszító aspektusain is. Az is segíthet, ha tudatában vagyunk annak, hogy a boldogság vagy az eksztázis legnagyobb fajtája, amelyre gyakran az érzéki vágy során törekszünk, csak akkor érhető el, amikor minden vágyunkat elengedjük, mint például a mély meditáció során.

2. *Nehéztelés*

Ezt egy forrón bugyogó erdei pocsolyához hasonlítják. Ha megvizsgálnánk az arcunk tükröződését ebben a víztócsában, nem ismernénk fel, és nem látnánk tisztán. Hasonlóképpen, ha a neheztelés kínozza tudatunkat, akkor nem látjuk olyannak a valóságot, amilyen, és képtelenek vagyunk magunknak vagy másoknak a hasznára válni.

A neheztelés orvossága a szerető kedvességen vagy mettán való meditáció. A neheztelés irányulhat önmagunkra, egy másik személyre vagy a meditáció tárgyára. Az önmagunkkal szembeni neheztelés gyakran összefügg a bűntudattal, az önmagunkkal szembeni ésszerűtlen elvárásokkal vagy azzal, hogy olyan környezetben nőttünk fel, amelyből hiányzott az együttérző szeretet. Segíthet, ha a szerető kedvességet egy fiatal, ártatlan gyermek képében idézzük fel, aki a valódi természetünk tisztaságát képviseli. Hasonló módon ellensúlyozhatjuk a neheztelést másokkal szemben is, emlékeztetve magunkat arra, hogy mindenki a boldogságot keresi, csakúgy, mint mi, és kiterjesztjük a metta körét a közeli és távoli emberekre. A meditáció néha munkának tűnhet, ha neheztelést érzünk a meditáció tárgyával szemben, így segíthet, ha egy drága barátként tekintünk rá, akit egyetlen gyermekünként szeretünk és értékelünk.

3. *Tompaság és álmosság*

Ezt egy mohával, algával és iszappal borított erdei pocsolyához hasonlítják. Ha megvizsgálnánk az arcunk tükröződését ebben a víztócsában, nem ismernénk fel, és nem látnánk tisztán. Hasonlóképpen, ha a tompaság és álmosság gyötör, akkor nem látjuk olyannak a valóságot, amilyen, és képtelenek vagyunk magunknak vagy másoknak a hasznára válni.

A tompaság leküzdésének kulcsa, hogy békéljünk meg, és ne harcoljunk vele; ellenkező esetben a tudat hajlamos lesz vadul ingadozni a tompaság és az izgatottság között. Ha ellazult állapotban vagyunk és kezdünk belecsúszni a tompaságba, fontos kicsit megfeszítenünk a tudatot, felfokoznunk éberségünket, mintha egy sziklafal peremén sétálnánk. Gondoljunk arra, milyen értékes a lehetőség, hogy meditációs gyakorlással fejleszthetjük a tudatunkat, vagy más inspiráló témára. Ha továbbra is fáradtnak érezzük magunkat, a legjobb, ha nem erőltetjük a meditálást, hanem pihenünk inkább. Néha nem is a tompaság, hanem a neheztelés a gond, mivel hajlamosak vagyunk a tompaságba menekülni, ha nem élvezzük, amit csinálunk.

4. *Nyugtalanság és bűntudat*
Ezt egy szél korbácsolta, kavargó, hullámzó, fodrozódó erdei pocsolyához hasonlítják. Ha megvizsgálnánk az arcunk tükröződését ebben a víztócsában, nem ismernénk fel, és nem látnánk tisztán. Hasonlóképpen, ha a nyugtalanság és bűntudat kínozza a tudatunkat, akkor nem látjuk olyannak a valóságot, amilyen, és képtelenek vagyunk magunknak vagy másoknak a hasznára válni.

A nyughatatlanság úgy küzdhető le, ha ápoljuk a belső elégedettség érzését, nem várunk el semmit, és boldogít az elnyugodottság és a csend. Az is segíthet, ha könnyebbé tesszük a meditációt, és megbizonyosodunk a test ellazultságáról.

A bűntudat összefügg a nyugtalan lelkiismerettel, és ha ez a helyzet, akkor ellensúlyozható azzal, ha megbocsátunk magunknak és tanulunk a hibáinkból, tudván, hogy mindenki követ el hibákat. A zaklatott lelkiállapot kezelésére a későbbiekben további gyógymódokat ismertetünk.

5. *Bizonytalanság vagy kétség*

Ez az akadály akkor merül fel, ha határozatlanság gyötör minket, nem tudunk dönteni egy cselekvés mellett, és nem tudjuk átlátni sem. A Buddha tanításaival, a tanítóval vagy az önmagunkkal kapcsolatos bizonytalanságra utal. Egy zavaros és sáros erdei pocsolyához hasonlítják. Megintcsak, ha megvizsgálnánk az arcunk tükröződését ebben a víztócsában, nem ismernénk fel, és nem látnánk tisztán. Hasonlóképpen, ha a bizonytalanság uralja a tudatunkat, akkor nem látjuk olyannak a valóságot, amilyen, és képtelenek vagyunk magunknak vagy másoknak a hasznára válni.

A Buddha tanításaival kapcsolatos bizonytalanság leküzdhető, ha megvizsgáljuk őket, és átgondoljuk a követésük előnyeit. Tanulmányozásukkal és gyakorlásukkal, valamint a spirituális barátok bátorításával tudatunk valamint az értelemre és a közvetlen tapasztalásra épülő hitünk tisztábbá válik. A tanítóval kapcsolatos bizonytalanságot úgy győzhetjük le, hogy alaposan megvizsgáljuk őket, mielőtt arra a következtetésre jutnánk, hogy megbízhatóak. Az önbizalomhiányt elszántsággal és ügyes irányítással lehet legyőzni; tisztában kell lennünk azonban azzal, hogy ez gyakran más akadályokkal, például tompasággal vagy az önmagunkkal szembeni nehezteléssel is együtt jár.

Mi van akkor, ha gyakorlással képesek vagyunk legyőzni ezeket az akadályokat? Ez egy olyan erdei pocsolyához hasonlítható, amely nem zavaros, nem bugyog és nem forr, nem borítja be moha és iszap, nem kavarja fel a szél, és nem sáros, hanem tiszta, békés és csendes; ha ekkor megvizsgálnánk az arcunk tükröződését ebben a víztócsában, egyértelműen felismernénk, és olyannak látnánk, amilyen. Ugyanígy, ha elérünk egy olyan tudatállapotot, amelyet már nem kínoz az érzéki vágy, a neheztelés, a tompaság és álmosság, a nyugtalanság és a bűntudat vagy a bizonytalanság, akkor a valóságot olyannak fogjuk látni, amilyen, és így a saját és mások javára válunk.

II. Az öt hiba és a nyolc ellenszer

Az öt hiba és a nyolc ellenszer hatékony segítséget nyújt ahhoz, hogy felismerjük és elhárítsuk azokat az akadályokat, amelyek befolyásolják meditációs képességünket. Leírják a sikeres meditáció különböző akadályait, amelyek akkor merülnek fel, miközben a samatához vezető különféle figyelmi állapotokon haladunk keresztül. E hibák és ellenszereik ismerete segít a lehető leggyorsabban és leghatékonyabban megbirkózni velük, nemcsak a meditáció során, hanem a mindennapi életben is. Az öt hiba és megfelelő ellenszereik a következők:

Az öt hiba a következők: lustaság, az útmutatások nem ismerése vagy elfelejtése, szellemi tompaság és izgatottság, az igyekezet hiánya és a túlzott igykezet. A nyolc ellenszer pedig a következő: igyekezet, hit, szorgalom, szellemi rugalmasság, tudatosság, éberség, ellenszerek alkalmazása és egykedvűség. Az öt hiba és megfelelő ellenszereik ismertetése:

1. *Lustaság (ellenszere: igyekezet, hit, szorgalom és szellemi rugalmasság)*
A lustaság komoly akadálya a meditáció gyakorlásának és más célok elérésének. A lustaság nem egyszerűen annyit tesz, hogy lógatjuk a lábunkat és nem csinálunk semmit. A lustaságnak három fajtáját különböztethetjük meg:

1.1 Önelégültség
Ez abban nyilvánul meg, hogy nem akarunk meditálni, vagy nem vagyunk hajlandók gyakorolni, nem érzünk kellő érdeklődést vagy inspirációt a meditációhoz.

1.2 Önbizalomhiány
Ekkor nem bízunk benne, hogy képesek vagyunk meditálni, és úgy érezzük, nem vagyunk képesek megvalósítani sem a samata, sem egyéb állapotok elérését.

1.3 Aktív lustaság
Az aktív lustaság azt jelenti, hogy sok felesleges feladattal foglaljuk le magunkat.

Létfontosságú, hogy tisztában legyünk ezekkel a tendenciákkal. A lustaság úgy győzhető le, ha *hitet* fejlesztünk ki a meditáció által nyújtott rendkívüli minőségekben, mind a gyakorlatok során, mind pedig a mindennapi életünkben; csak így fogjuk eléggé értékelni a meditációt ahhoz, hogy elsődlegessé váljon az életünkben. Minél inkább felismerjük az előnyeit, annál több *igyekezet* lesz bennünk a gyakorlásra, ami azután elősegíti a *szorgalom* és az örömteli erőfeszítés kifejlődését. A hozzászoktatás erejével elérhető a *fizikai és szellemi rugalmasság*, a test és a tudat egyedülálló és gyönyörteli hajlékonysága.

Ha eltántorít, hogy nem érezzük az előrehaladást, segíthet, ha felismerjük, milyen hihetetlen erőfeszítést teszünk életünk más területén, mint például a gyereknevelésben vagy egy szakma elsajátításában. Ha sorra vesszük a meditáció előnyeit, arra a következtetésre juthatunk, hogy megéri időt és energiát fordítani a tudat fejlesztésére.

2. *Az útmutatások nem ismerése vagy elfelejtése (ellenszere: tudatosság)*
   Ez a hiba azt jelenti, hogy nem vagyunk tudatosak abban, hogyan kell helyesen meditálni. Akkor jelentkezik, ha elfelejtjük a meditáció tárgyát, vagy ha nem tanultuk meg jól az instrukciókat, így a tudat gyakran elvándorol más tárgyakra. Ennek a hibának a jele lehet, ha túl gyakran változtatjuk a meditáció tárgyát, különösen, ha egy meditációs ülésen belül is ezt tesszük. Erre az a gyógyír, ha kifejlesztjük a *tudatosság* olyan fokát, amelyen a meditáció tárgyát meg tudjuk tartani, és amellyel elejét vehetjük annak, hogy elfelejtsük az instrukciókat. A tudatosságba beleértendő, hogy emlékszünk az útmutatásokra, és az is, hogy úgy foglaljuk el a tudatot, hogy azt teljesen „betöltse" a tárgy.
   Ha kifejlesztettünk bizonyos fokú tudatosságot, elkezdhetjük kifejleszteni az *éberséget.* Ez azt jelenti, hogy megfigyeljük magát a meditáló tudatot, és észrevesszük, ha a tudat elvándorolt a tárgyról, még ha finoman is. Ekkor képesek leszünk alkalmazni a megfelelő gyógymódot. Olyan ez, mint amikor egy kommentátor beszámol az eseményekről, miközben ő maga nem vesz ténylegesen részt bennük.

3. *Szellemi tompaság és izgatottság (ellenszere: éberség)*

   3.1 *Durva izgatottság*

   A meditáció kezdeti szakaszaiban a tudat meglehetősen izgatottnak tűnhet. Gyakran külső ingerek felé fordul, például a körülöttünk zajló tevékenységek hangjai felé. Ez az izgatottság akkor jelentkezik, ha a koncentráció túl erőltetett, vagy nem lazultunk el eléggé, ami feszültséget okoz a testben. Ha a megzavart tudat teljesen elveszíti a tárgyat és az összpontosítást, az könnyen észrevehető. Az elején azonban több percet is igénybe vesz, amíg a képzetlen tudat ténylegesen észreveszi, hogy elveszítette a tárgyat. A durva izgatottság egy felhő mozgásához hasonlítható, amely könnyen észrevehető.

   Ellenszer

   A gyógymódot általában nem túlzottan nehéz alkalmazni ezen a ponton, és több dolgot is megpróbálhatunk. Lejjebb engedhetjük a tárgyat, miközben elképzeljük, mennyire súlyos. Segíthet, ha testünket ellazítjuk a testi érzékelésekre való koncentrálással, vagy nyelvünket rövid ideig, becsukott szemmel az alsó fogsorunknak nyomjuk. Egy másik technika a tudat megfékezésére, hogy egy fekete pontot képzelünk el magunk előtt. Ha nagyon türelmetlenek vagyunk, a testmozgás kifáraszthat, és kevésbé fog elkalandozni a tudatunk. Eleinte időt vesz igénybe a csapongó gondolatok felismerése, de az idő múlásával és gyakorlással az ilyen tudatosság természetessé válik.

   3.2 *Durva tompaság*

   Ez akkor jelentkezik, amikor a tudat nem elég világos, és túlzottan visszahúzódik. Homály telepszik ránk, és majdnem elalszunk. Itt a világosság a tiszta, friss és ragyogó tudatállapotot jelenti, és nem a meditációs tárgy világosságát.

Ellenszer

Fényesebbé tehetjük vagy felemelhetjük a meditáció tárgyát úgy, hogy szemünkkel enyhén felfelé nézünk, vagy közelebbről vesszük szemügyre a részleteit, ha elveszítjük a tárgyat az olyan, mintha leesnénk egy szikla széléről. Felidézni valami üdvös vagy inspiráló dolgot, vagy fehér fényt képzelni a szemeink között a homlokunkon szintén világosabbá teheti a tudatot. Egy másik technika a magasan fekvő helyen történő meditálás, ahonnan tágas térre nyílik kilátás, de az is jó, ha hűvös és szeles helyet sikerül találnunk. Segíthet még, ha az arcunkat megpaskoljuk vízzel, a szabadban tornázunk, vagy könnyű diétára fogjuk magunkat.

Nagyon kell azonban ügyelnünk arra, hogy meg tudjuk különböztetni a lustaság miatti fáradtságot attól, amikor azért vagyunk fáradtak, mert valóban pihenésre van szükségünk. Fontos megjegyezni, hogy a magunk felé táplált rossz érzés, mint például valamilyen irreális elvárás a gyakorlásunkkal szemben, szintén megnyilvánulhat fáradtságként. Ha valóban kimerültek vagyunk, akkor a fenti megoldások ellenére is fáradtak maradunk. Ilyen esetben fontos pihenni, mivel az erőltetés nemkívánatos eredményre vezethet.

3.3 Finom szintű izgatottság

A finom izgatottság nehezebben ismerhető fel, és akkor jelentkezik, amikor a tudat egy része kényelmesen pihen a meditációs tárgyon, míg másik része elkalandozik anélkül, hogy észrevennénk. Sokkal nehezebb észrevenni, és leginkább egy gyorsan mozgó majomhoz hasonlítható.

Ellenszer

A finom izgatottság leküzdéséhez különösen erős éberséget kell kifejlesztenünk. Ez intellektuális eszközökkel nem érhető el; csak saját tapasztalatunk és gyakorlásunk útján. Az ismételt gyakorlás hajtóereje révén a tudatunk már felmerülése pillanatában képes lesz azonosítani a finom izgatottságot, és gyorsan visszatérni a tárgyhoz.

3.4 *Finom szintű tompaság (elmélyedés)*

A finom tompaság vagy elmélyedés hibája rendszerint nem a kezdők problémája, mert ők általában túlságosan izgatottak. Csak akkor vehető észre, amikor a haladóbb meditáló már képes bizonyos fokú stabilitással összpontosítani a tárgyra. A finom tompaság akkor jelentkezik, amikor jelen van a rögzítés és némi tisztaság, de hiányzik az intenzitás. Ez azt jelenti, hogy kevés a vitalitás és az erő, amellyel a tárgyat megtartjuk. Ezt sokkal nehezebb észrevenni és orvosolni. Sok gyakorló itt elakad, miközben úgy érzi, hogy a meditációja nagyon jól halad. Gyakori csapda ez.

Ellenszer

A finom elmélyedés gyógyszere a különösen erős és élénk intenzitás kifejlesztése, amely csak hihetetlen fegyelemmel művelhető. Ezt nem lehet intellektuálisan leírni, csak tapasztalni tudja a képzett gyakorló. Az is segíthet, ha felfrissítjük a tudatunkat valamilyen inspiráló témára gondolva, mint például a tanítónk iránt érzett hála és a tudat képzésének hihetetlen előnyei. Ezek a gondolatok magasabbra emelik a tudatot.

4. *Az igyekezet hiánya (ellenszere: a megoldások alkalmazása)*

Ez azt jelenti, hogy nem tesszük meg a szükséges lépéseket a tompaság, az izgatottság vagy a lustaság kiküszöbölésére, amikor felmerülnek. Nem sikerül a megfelelő gyógyírt alkalmaznunk, gyakran azért, mert túl letörtek vagy önelégültek vagyunk.

A megoldás a cselekvés és a *megfelelő ellenszer alkalmazása.* Néha segíthet, ha megszakítjuk a meditációt egy rövid sétával, a test kinyújtóztatásával, hideg vizes arcmosással vagy egy kis levegőzéssel. Ha visszatérünk, könnyebben tudjuk folytatni a meditációt. Ismételten segíthet a meditációs gyakorlat számtalan előnyének a felidézése.

5. *Túlzott igyekezet (ellenszere: egykedvűség)*

Ez azt a hibát jelenti, hogy olyankor alkalmazunk valamilyen gyógymódot, amikor nincs rá szükség, vagy amikor túlzásba visszük az alkalmazását. Példa erre az, amikor már észrevettük és kijavítottuk az elmélyedést vagy az izgatottságot, de még további kiigazításokat végzünk. Ennek a problémának a megoldása az *egykedvűség* alkalmazása. Más szóval, engedjük el az egészet.

Ha megjegyezzük az említett öt hibát és nyolc ellenszert, már nem „találomra" fogjuk végezni a meditációt, hanem dinamikus folyamatként éljük meg, amelyből biztosan profitálni fogunk. Annak érdekében, hogy megtanuljuk felismerni ezeket a hibákat és alkalmazni az ellenszerét, először hasznos lehet, ha tudatosan váltogatjuk a tudat lazítását és fókuszálását. Például vehetünk néhány mély lélegzetet, kilégzéskor lazítva a testtartásunkon, és a nyelvünket az alsó fogsor mögé helyezve, vagy egy fekete pontot jelenítünk meg a gátnál, majd néhány lélegzetvételt követően az éberséget fokozva kilégzéskor megfeszítjük a testtartásunkat, a nyelvünket a felső fogsor mögé helyezzük, vagy egy fehér pontot jelenítünk meg a homlokunkon. Ahogy haladunk előre, a kiigazítások egyre ritkábbak és egyre finomabbak lesznek azáltal, hogy megtanuljuk gyorsan felismerni a tompultságot és az izgatottságot, és fokozatosan kifejlesztjük a tudatosság és az éberség készségeit.

III. ÖT MÓDSZER A ZAVARÓ GONDOLATOK ELTÁVOLÍTÁSÁRA

A Théraváda hagyomány öt módszert ír le a zavaró gondolatok eltávolítására, amelyek további ellenszerek a meditációs gyakorlatok akadályaira. Ezek rendkívül gyakorlatias útmutatások, amelyek segíthetnek legyőzni a tolakodó gondolatokat és lenyugtatni a tudatot, és nem csak a meditációs gyakorlat hanem a mindennapi élet szempontjából is fontosak. A későbbi ellenszerek általában akkor hatásosak, ha a korábbiak nem működtek. Érdekes módon ezek a technikák felölelnek sok olyan megoldást, amelyeket a modern pszichológiában is használnak.

Ez az öt útmutatás a következő:

1. *Az egészséges tudatállapotokra való odafigyelés*
   Ha a vágy, a gyűlölet és a téveszmék nemkívánatos gondolatai merülnek fel, de figyelmünket más egészséges gondolatokra összpontosítjuk, akkor ezek a nemkívánatos gondolatok elcsitulnak, végül eltűnnek, és a tudat stabil, egységes és fókuszált lesz. Ez ahhoz hasonlítható, mint amikor egy

ügyes asztalos kiüti és kihúzza a rozsdás szeget egy jó szög segítségével.

Két ellentétes mentális folyamat nem mehet végbe egyszerre, ahogy a tűz és a víz sem létezhet egyszerre. Például nem érezhetjük egyszerre a szeretetet és a gyűlöletet, ezért a szerető kedvességre való összpontosítás segít legyőzni a gyűlöletet.

2. *Elmélkedés a zavaró gondolatok veszélyein*

Ha továbbra is nemkívánatos gondolatok merülnek fel, érdemes megvizsgálni az ilyen gondolatok veszélyeit vagy a hátrányait, és arra gondolni, hogy „ezek egészségtelen, hibás gondolatok, és csak szenvedést okoznak nekem és másoknak". Ezáltal minden nemkívánatos gondolat lecsillapodik, és végül alábbhagy. Ez ahhoz hasonlítható, amikor egy kiegészítőket kedvelő nő viszolygást, megdöbbenést és felháborodást érez ha azt látja, hogy egy kígyó vagy kutya teteme lóg valakinek a nyakában díszként.

Buddha számos példát használt, hogy rámutasson a gondolatokhoz és érzésekhez való ragaszkodás veszélyeire. Egyszer ezeket egy folyó partján lévő fűhöz vagy nádhoz hasonlította — bár azt hisszük, hogy meg tudunk kapaszkodni bennük, és partra tudunk mászni, azok mégis letörnek, és mi tovább sodródunk lefelé a folyón. Nyugaton a kognitív terápia hagyománya arra hívja fel a figyelmünket, hogy vizsgáljuk meg a sajátos módon való gondolkodás veszélyeit, és elemezzük, hogyan tekinthetnénk a dolgokra reálisabban.

3. *Ne figyeljünk a zavaró gondolatokra*

Ha a nemkívánatos gondolatok továbbra is felmerülnek, akkor próbáljunk meg elfelejtkezni ezekről a gondolatokról, és egyáltalán ne fordítsunk figyelmet rájuk, ezáltal azok elcsendesednek, és végül megszűnnek. Ez ahhoz hasonlítható, mint amikor valakinek éles a szeme, de nem akarja látni a látótávolságába eső formákat, ezért lehunyja a szemét vagy elfordítja a tekintetét. Ez azt jelenti, hogy megtaníthatjuk magunkat arra, hogy ne ragadjunk bele, vagy ne olvadjunk össze a fájdalmas gondolatokkal és érzésekkel. Ez nem azt jelenti, hogy elkerüljük őket; inkább azt, hogy bár még mindig ott vannak a tudatosságunk perifériáján, nem vagyunk hajlandóak elmerülni bennük, vagy hagyni, hogy befolyásolják az életünket. Nyugaton az Elfogadás és Elköteleződés Terápia (ACT) hagyománya számos "elhárító technikát" alkalmaz a zavaró gondolatok hatásának csökkentésére.

4. *A gondolatok kialakulásának lecsendesítése*
Ha még mindig felmerülnek nemkívánatos gondolatok, akkor arra kell a figyelmünket fordítani, hogy lecsendesítsük e gondolatok kialakulását. Ezáltal minden kellemetlen gondolat alábbhagy, és végül megszűnik. Ez ahhoz hasonlítható, mint amikor valaki gyorsan jár, és arra gondol: „Miért járok gyorsan? Mi lenne, ha lassan mennék?", és úgy dönt, hogy lassan megy. Aztán elgondolkodna: „Miért megyek lassan? Mi lenne, ha megállnék?", és megáll. Majd arra gondolna, „Miért állok? Mi lenne, ha leülnék?", és leül. Végül elgondolkodna azon, hogy „Miért ülök? Mi lenne, ha lefeküdnék?", és lefekszik. Igy váltaná fel a durvább testtartásokat a finomabb testtartásokkal. Ugyanígy, ha figyelmet fordítunk a gondolatok kialakulásának lecsendesítésére, a nemkívánatos gondolatok lecsillapodnak, és végül megszűnnek.

Nyugaton számos olyan technika létezik, amely az éberségen és a laza tudatosságon alapszik, és amelyek segítik az embereket, hogy tudatuk kiegyensúlyozottabbá váljon, amelyet kevésbé befolyásolnak a zavaró gondolatok.

5. *A tudat szétzúzása a tudattal*

Ha az ártalmas gondolatok és érzelmek még mindig felmerülnek, akkor az utolsó lépés a tudat legyőzése és „szétzúzása" a tudattal, összeszorított fogakkal és a szájpadláshoz szorított nyelvvel. Ezt ahhoz hasonlítjuk, mint amikor egy erős ember megragadja a gyengébbet a fejénél és a vállánál fogva, és leüti, lefogja és összezúzza. Ily módon az ártalmas gondolatok alábbhagynak, és végül megszűnnek.

Ez a technika emlékeztet az erős érzelmekkel való munka tantrikus megközelítésére. Ahogyan egy gyakorlott orvos képes a mérget orvossággá változtatni, úgy mi is megtanulhatjuk egyszerűen felismerni az érzelmek nyers energiáját anélkül, hogy történetet kötnénk hozzájuk, elfojtanánk vagy ösztönösen követnénk őket. Például ahelyett, hogy hagyjuk, hogy a harag, a szégyen vagy az erőszakos cselekedet felé sodorjon bennünket, felismerhetjük a benne rejlő intenzív tisztaságot és mély törődést. Addig maradhatunk ezzel az érzéssel, amíg fel nem oldódik, akárcsak egy szörfös, aki meglovagolja a hullámot. Nyugaton is léteznek hasonló technikák az erős érzelmek elfogadására vagy „felszabadítására", ahelyett, hogy elkerülnénk őket vagy elmerülnénk bennük.

Ez az öt módszer a zavaró gondolatok eltávolítására új perspektívát kínál arra, hogyan győzzük le a meditációs gyakorlat akadályait, és arra is, hogyan győzzük le az érzelmi konfliktusos állapotokat a mindennapi életben. Ha megismerkedünk ezekkel a technikákkal, az jelentősen segíthet a meditációs gyakorlatunkban, különösen akkor, amikor erős érzelmek törnek a felszínre.

NEGYEDIK FEJEZET
Analitikus Meditáció

I. Mi az analitikus meditáció?

Míg a samata a tudat megnyugtatására, egyesítésére és koncentrálására helyezi a hangsúlyt, addig az analitikus meditáció, vagy vipasjaná célja a tudat felébresztése a tapasztalataink természetének vizsgálatával. Ha ez a folyamat a nyugodt tudat alapjaira épül, lehetővé teszi, hogy a buddhista filozófia sok különböző fogalmát egyetlen egységes megértéssé egyesítsük. Ily módon e témák alapos vizsgálata és fogalmi megértése megalapozza a nem fogalmi vagy közvetlen belátás elérését. Ezután közvetlenül megláthatjuk a Négy Nemes Igazságot és a Négy Pecsétet. A mulandóság, a szenvedés és az önzetlenség ekkor a sajátunkká válik, a tapasztalatunk része lesz.

A belátásnak számos különböző szintje létezik, és minden szint hasznos lehet abban, hogy segítsen a valóság reálisabb és együttérzőbb szemléletének elérésében. Azonban csak a legmagasabb szint vezethet a szenvedést okozó érzelmeink és mentális állapotaink teljes felszámolásához. Ahhoz, hogy ezt elérjük, meg kell valósítanunk a koncentráció rendkívül kifinomult szintjét — legalább a samata szintjét. Bár a pillanatnyi koncentráció rövid pillanatokat vagy „villanásszerű élményeket" adhat a közvetlen belátásról, különösen, ha az odaadás ösvényt követjük, ez nem lesz elég a szenvedések legyőzéséhez, hacsak nem társul hozzá erős és stabil tudat.

Ezt az állítást a nagy mahájána mester, Santidéva is alátámasztja:

Felismerve, hogy aki a samata által felszámolta
a mentális szenveket a vipasjanában jártasságot szerzett,
ezért először a samatára kell törekedni.

Hasonlóképpen, Aszanga azt állítja, hogy amint a samatát elérte az ember, figyelmét egyhegyűen befelé, a tudatra kell összpontosítania. A Théraváda hagyomány egyetért abban, hogy az igazi belátás (más néven az *áramlatba való belépés*) minimális feltétele a samata tudata, mivel ez a tudat átmenetileg mentes az akadályoktól. Nagyobb áttörést azonban a dzshánák még kifinomultabb koncentrációs állapotaival lehet elérni.

Ez azonban nem jelenti azt, hogy az analitikus meditációt a samata elérése utánra kell „halasztani". Először is, döntő fontosságú, hogy jó fogalmi megértést alakítsunk ki az alapvető buddhista alapelvekről („helyes nézet"), mint például a Négy Nemes Igazságról, a két igazságról és az alapról, az ösvényről és az eredményről, mielőtt elindulnánk az ösvényen - ez ad egy világos térképet arról, hogyan juthatunk el a célunkhoz. Másodszor, hasznos, ha folyamatosan elgondolkodunk az ösvény gyakorlására irányuló motivációnkon („helyes szándék"), és megerősítjük azt, olyan témákról elmélkedve, mint a mulandóság és a szerető kedvesség — ez a szándék határozza meg a gyakorlásunk eredményét. Harmadszor, a buddhista bölcsesség alapvető megértése nagy gyakorlati hasznunkra válhat a mindennapi életben — segíthet abban, hogy kevésbé reagáljunk automatikusan, de bölcsebbek legyünk és közelebb kerüljünk másokhoz.

Az analitikus meditáció folyamata, bármilyen szinten is veszünk részt benne, magában foglalja az úgynevezett *három bölcsességi eszközt*: először hallunk vagy olvasunk egy adott tanítást, aztán tanulmányozzuk és elmélkedünk rajta, harmadszor pedig meggyőződéssel pihenünk a jelentésében, egyhegyű koncentrációban, „önmagunk részévé" téve azt. Ez az utolsó lépés az, amit tulajdonképpen meditáció alatt értünk, mivel már tanultunk róla és elmélkedtünk a jelentéséről, és most meditálunk, hogy stabilan megszilárdítsuk a tudatunkban. Ezért egy fokozatos folyamatot követünk, először a bölcsességet a halláson keresztül alapozzuk meg, amit a szemlélődésen keresztüli bölcsesség követ, és amely végül a meditáción keresztüli bölcsességhez vezet.

Először egy hatékony módszert fogok leírni bármely általunk választott téma elemzésére, majd megvizsgálom, hogyan használhatjuk az analitikus meditációt a könyvben bemutatott különféle témák megértéséhez, amelyek mind a viszonylagos, mind a végső igazsággal foglalkoznak.

II. Az analitikus meditáció folyamata

Ahhoz, hogy egy adott témát meditációs tárggyá alakítsunk, először kérdésként kell megfogalmaznunk (például: „Létezik-e az én a testemben?"), majd arra irányítjuk a tudatot, hogy megvizsgáljuk, hogyan vonatkozik ez a kérdés önmagunkra, az összes tanítás fényében, amit tanulmányoztunk. Ezt addig kell folytatnunk, amíg a bizonyosság és a tisztánlátás érzése fel nem támad (például: a tudatomnak az a szokása, hogy bizonyos alkalmakkor azonosul a testtel, de egyáltalán nincs benne „én"!), Ezután abbahagyhatjuk az elemzést, és megpihenhetünk ebben a bizonyosság érzésben, amíg csak tart, megmaradva egy befogadóbb tudatállapotban.

Elkerülhetetlenül fel fognak merülni csapongó gondolatok, és ezt fel lehet használni arra, hogy újra elkezdjük az elemzést, akár ugyanarról, akár egy másik témáról, a gondolatainkat ellenőrzött módon használva. Amikor ismét a bizonyosság és a meggyőződés érzését tapasztaljuk, pihenjünk meg újra, mint korábban. Ily módon váltogathatjuk az elemzést és a nyugvó meditációt, fokozatosan elmélyítve és finomítva a megértésünket, igy felkészülünk az üresség nem-fogalmi valóságának megtapasztalására.

Dzsamgon Kongtrul *A tudás kincstárában* ad néhány hasznos útmutatást arra vonatkozóan, hogyan váltsunk az analitikus és a nyugvó meditáció között:

> *Ha az intenzív analízis miatt romlik a pihenés képessége,*
> *Végezzünk több nyugvó meditációt, és töltsük fel a csendet.*
> *Ha a hosszan tartó pihenés miatt már nem akarunk elemezni,*
> *Végezzünk analitikus meditációt, hogy erősítsük*
> *a tudat tisztaságát.*

Ha tehát úgy találjuk, hogy a tudat az analitikus meditáció gyakorlása miatt izgatottá válik, akkor engedjük meg neki, hogy ismét megnyugodjon a test ellazításával és az egyhegyű meditáció rövid idejű gyakorlásával. Másrészt, ha a nyugvó meditáció unalomhoz vezet, akkor az analitikus meditáció folytatásával növelhetjük a mentális tisztaságot. Továbbá, ha hozzászokunk az elemzés és a pihenés váltakozásának folyamatához, végül elérünk egy olyan stádiumba, amikor már nincs szükség annyi elemzésre a bizonyosság érzéséhez. Ezért fontos, hogy a gyakorlás kezdetén az elemzést hangsúlyozzuk, és később gyorsan ugorjunk át a nyugvó meditációba, ha már gyakorlottabbak vagyunk.

Dzsamgon Kongtrul

III. AZ ANALITIKUS MEDITÁCIÓ ÉS A KÉT IGAZSÁG

Az analitikus meditáció eszközét használva bármilyen témán elmélkedhetünk, amelyre a tudatunkat irányítjuk. A buddhista ösvény úgy van felépítve, hogy arra ösztönöz, hogy a relatív és a végső igazságot egyformán fontosnak tekintsük, ezért mindkettőt szemléljük, és nem hanyagoljuk el egyiket sem a másik rovására. A „relatív igazság" azzal kapcsolatos, ahogyan a mindennapi valóságot látjuk, míg a „végső igazság" ennek a tapasztalásnak a valódi természete. Ezek olyanok, mint egy madár két szárnya, és az egyiket nem lehet teljesen kifejleszteni a másik nélkül. Kezdetben a relatív igazság szintjén való szemlélődésre kell helyezni a hangsúlyt, mivel ez a leginkább releváns a tapasztalásunk szempontjából, míg később a végső igazságra fektetünk nagyobb hangsúlyt. A megvilágosodás tehát az, amikor felfedezzük, hogy a valóságban nincs különbség a relatív és a végső igazság között.

1. Relatív igazság

A relatív igazság szintjén való megértés megszerzése döntő fontosságú, ha el akarjuk érni a megvilágosodást, mivel ez határozza meg a motivációnk erejét, valamint azt, hogy hogyan viselkedünk a világban. Különösen nem érhetjük el a lemondást olyan témákról történő mély elmélkedés nélkül, mint a mulandóság, a szenvedés, a karma, az értékes emberi élet, valamint a megszabadulás és a menedékvétel előnyei. Ha a teljes megvilágosodásra törekszünk, elengedhetetlen, hogy elmélkedjünk és fejlesszük a bódhicsittát, azt az együttérző vágyat, hogy minden lényt a megszabaduláshoz vezessünk, tudva, hogy ezt a kívánságot csak saját buddhatermészetünk feltárásával tudjuk teljesíteni. Továbbá, ha a tantrikus ösvényt követjük, akkor létfontosságú, hogy megértsük a Dharmatanító legfőbb jelentőségét, és elmélkedjünk az odaadás és a tiszta érzékelés jelentéséről, ami minden tantrikus gyakorlat alapvető előfeltétele. Egy mindenki számára nagyon hasznos elmélkedés a szerető kedvesség vagy metta témája. Ezzel a szemlélődéssel meggyőződhetünk arról, hogy minden lény egyformán méltó a szeretetre és együttérzésre, akárcsak mi magunk. Megtalálható egy ilyen elmélkedés példája a Metta Szuttában:

Legyen minden lény boldog és békés, töltse el elégedettség.

Minden létező élőlényt – legyen gyenge vagy erős, hosszú (vagy magas), nagy- vagy közepes termetű, rövid, kicsiny vagy vaskos, látásból ismert vagy sosem látott, távolban vagy közelben lakó, létező vagy létezést kereső –, kivétel nélkül minden lényt töltsön el boldogság.

A másikat senki sehol tönkre ne tegye, meg ne alázza. Haragból vagy ellenszenvből senki se kívánjon a másiknak rosszat. Ahogyan az anya védi gyermekét, egyetlen gyermekét, akár élete árán is, úgy terjessze ki az ember szívét határtalanul, mindenre, ami csak él. Az ember szerető szívét terjessze ki határtalanul, minden világra – fölfelé, lefelé és minden irányban –, akadályok nélkül, gyűlölködés nélkül, ellenségeskedés nélkül.

Egy hasonló elmélkedés a tibeti hagyomány alapján a következő:

Kezdjük azzal, hogy felismerjük, minden lény, akárcsak mi magunk, a boldogságot és annak okait keresi. Idézzünk fel magunkban egy hozzánk közel álló személyt, egy semleges személyt és valakit, akit esetleg ellenségnek tekintünk, és gondoljunk arra, hogy mindannyian egyformán keresik a boldogságot és el akarják kerülni a szenvedést. Ezután koncentráljunk arra a személyre, aki közel áll hozzánk, emlékezzünk az irántunk tanúsított kedvességére, és gondoljuk arra: Bárcsak boldog lenne... bárcsak boldog lenne! Aztán gondoljunk a semleges személyre: Bárcsak boldog lenne... bárcsak boldog lenne! Ezután jusson eszünkbe az ellenségünk vagy valaki, akire esetleg haragszunk: Bárcsak boldog lenne... bárcsak boldog lenne! Felidézhetjük egy önmagunkat megtestesítő kisgyermek képét is - ártatlan, tiszta és méltó a világ minden együttérző szeretetére: Bárcsak boldog lenne... bárcsak boldog lenne!

Ezután másokat is bevonhatunk az elmélkedésünk e gyakorlatába, kiterjesztve a szerető kedvességet a családunkra, a szomszédainkra, a közvetlen környezetünkre, az országunkra és végül az egész világra, kivétel nélkül minden élőlényt átölelve. Ezt kombinálhatjuk egy olyan vizualizációval is, amelyben a szívünk közepén lévő rózsából vörös vagy rózsaszín fény tör elő, és betölti az egész testünket. Ezt a fényt aztán kiterjeszthetjük, hogy átölelje a környezetünket, hogy minden érző lényt megérintsen a szerető kedvesség fényével és melegségével.

2. Végső igazság

A végső igazság mély elemzése a buddhista ösvény második létfontosságú aspektusa, mivel az üresség vagy az éntelenség helyes fogalmi megértése biztosítja, hogy soha ne térjünk le a helyes útról. Ahogy haladunk előre az ösvényen, a tapasztalásunk kezd megfelelni ennek a megértésnek, és végül ugyanúgy eldobhatjuk a "fogalmi megértést", mint ahogyan a tutajt is otthagyjuk a folyóparton, ha már elértük a folyó túlpartját.

A Théraváda nézőpontjából nézve a végső igazság ("helyes nézet") megértéséhez többféle megközelítés vagy "kapu" létezik, de minden megközelítés lényege a *Lét három ismérve*: a mulandóság (*anicca*), a szenvedés (*dukkha*) és az önvaló nélküliség (*anátman*). Például a testünket és tudatunkat alkotó öt összetevőt — forma, érzés, érzékelés és emlékezet, gondolatformálás és tudatosság — mulandónak, irányíthatatlannak és lényegnélkülinek tartják. Az észlelés tárgyai, az érzékszervek, az érzéki tudatosság és minden tapasztalat, amellyel találkozunk, szintén e három tulajdonsággal rendelkezik. A tudatosság négy alapjának szemlélése természetesen a mulandóság, a szenvedés és az önvaló nélküliség felismeréséhez vezet, akárcsak Buddha *Ánápánaszati* tanításának utolsó négy útmutatása:

> *Belégzéssel a mulandóság tudatában vagyok,*
>   *kilégzéssel a mulandóság tudatában vagyok*
> *Belégzéssel az elmúlás tudatában vagyok,*
>   *kilégzéssel az elmúlás tudatában vagyok*
> *Belégzéssel a megszabadulás tudatában vagyok,*
>   *kilégzéssel a megszabadulás tudatában vagyok*
> *Belégzéssel elengedem,*
>   *kilégzéssel elengedem.*

A tibeti hagyományban is sokféle megközelítés létezik az üresség megértésére, de mindegyik a Madhjamaka vagy Középút filozófiát követi. Ezek a szemlélődések nemcsak a személy önvaló nélküliségének megértéséhez vezetnek, hanem minden jelenség önvaló nélküliségének és kölcsönös függésének megértéséhez is. A Gelug hagyományban *az üresség és a függő keletkezés elválaszthatatlanságát* hangsúlyozzák. Mivel a jelenségeknek nincs valódi létezésük, a függő keletkezés folyamatában jelennek meg, és mivel függő keletkezésről van szó, nincs valódi vagy lényegi létük. Ezzel szemben a Dzsonang hagyomány a *három természet* elemzésével jut el ugyanerre a megértésre. A *szennyezett természet* ürességének alapja a *függő természet,* a függő természet ürességének alapja pedig az *őseredeti vagy végső természet.*

A Kagyü és a Nyingma hagyományokeközben egy közvetlenebb megközelítést hangsúlyoznak, a meditáció során kérdéseket tesznek fel, hogy behatoljanak a tudat valódi természetébe. Egy ilyen elmélkedés rövidített példája, amely a kilencedik Karmapa *Mahamudra* tanításain alapul, a következő:

Nézd meg a tudat természetét, amikor az nyugodt vagy lecsendesedett, és kérdezd meg: Van-e színe, formája vagy alakja? Van-e keletkezése, megszűnése, állandósága, vagy nincs? A természete a teljes üresség állapota, vagy a tiszta, élénk fényesség?

Hasonlóképpen, engedjünk felbukkanni egy gondolatot vagy érzést, és vizsgáljuk meg a természetét: Van-e olyan hely, ahonnan felmerül, olyan hely, ahol fennmarad, vagy olyan hely, ahol megszűnik? A testen kívül vagy a testen belül helyezkedik el? A gondolat vagy érzés természete fényes, tiszta tudatosság, és van-e különbség eközött és az elcsendesedett tudatban látott fényes, tiszta tudatosság között?

Ezután vizsgáld meg a jelenségeket tükröző tudatot és a testhez való viszonyát: Amikor egy jelenséget (formát, hangot, ízt stb.) tükröz, a tudat és a jelenség két külön dolog? Ha nem, akkor hogyan kapcsolódnak egymáshoz? A test és a tudat ugyanaz vagy különböző?....

Végül pedig vizsgáld meg a mozdulatlan tudat és a mozgó tudat természetét együtt: Vajon a mozdulatlan tudat és a mozgó tudat felváltva jelenik meg? Olyan-e a mozdulatlan tudat, mint egy mező, és a mozgó tudat, amely felbukkan, mint a rajta növekvő termés? Vagy ez a kettő ugyanaz, mint a kötél és a tekercsei (abban az értelemben, hogy nem lehet a kötéltől különálló tekercs)?

Ily módon a *négy belátás* révén jutunk el a tudat természetének vagy az ürességnek a megértéséhez: a tudat természete, amikor mozdulatlan (eltávolítva az alanyt), a tudat természete, amikor mozog (eltávolítva a tárgyat), a tudat természete a jelenségekkel és a testtel kapcsolatban (eltávolítva mind az alanyt, mind a tárgyat), valamint a mozdulatlan és mozgó tudat természete együtt (nem eltávolítva sem az alanyt, sem a tárgyat).

Hasonló, fokozatos belátást tartalmazó megközelítést alkalmaz a Zen (vagy Csan) hagyomány. Ezt a fogalmi tudaton áthatoló *koanok* segítségével érik el, mint például: *„Mi volt az eredeti arcom, mielőtt megszülettem?"*, vagy a *mu* (egy nagyszerű zen mester válasza arra a kérdésre: van-e a kutyának buddhatermészete?). Szó szerint azt jelenti, hogy „nem"). Ezeket az elmélkedéseket nem lehet logikus érveléssel megoldani, hanem csak mélyebb, nem fogalmi belátással. A tanítvány e meglátásait a tanító ismétlődően ellenőrzi.

Lényegében az analitikus meditáció eszköze lehetővé teszi, hogy elmélyítsük mind a relatív, mind a végső igazság megértését, és meglássuk, hogyan kapcsolódik ez a saját tapasztalatainkhoz.

Fokozatosan láthatjuk, hogy a relatív igazságba való betekintés hogyan vezet a végső igazság mélyebb megértéséhez, mivel minél nagyobb lemondást és együttérzést fejlesztünk ki, annál jobban tudjuk értékelni a valóság kölcsönösen függő természetét, és annál „önvaló nélkülivé" válunk. Ezzel szemben, amikor értékeljük, hogy semmi sem létezik lényegileg és függetlenül, akkor mélységes tiszteletet, szeretetet és együttérzést érzünk mások iránt.

ÖTÖDIK FEJEZET
Haladó meditációs tárgyak

I. NYITOTT TUDATOSSÁG, MINT A MEDITÁCIÓ TÁRGYA

Míg az igazi belátás kétségtelenül megszerezhető analitikus meditációval, egy másik megközelítés, amelyet egyesek talán jobban kedvelnek, *a nyitott tudatosságon alapuló meditáció, vagy a tudat természetes állapotában való időzés.* A légzés tudatosságához hasonlóan ez a módszer is jól alkalmazható azok számára, akiknek a tudata hajlamos a nyugtalanságra vagy a kényszeres gondolkodásra. Ahhoz azonban, hogy megfelelően részt vehessünk ezekben a gyakorlatokban, gyakran szükséges bizonyos előzetes gyakorlatok elvégzése.

Ha már elértünk egy bizonyos fokú koncentrációt, akkor konkrét meditációs tárgy nélkül is tudunk összpontosítani és tudatosan figyelni saját tapasztalataink természetére. Ily módon hagyhatjuk, hogy a tudat megszabaduljon minden megszokott mintájától, és fokozatosan megnyugodjon az alapvető állapotában. Ezt a folyamatot fokozhatjuk, ha kinyitjuk a szemünket, és az előttünk lévő üres térre összpontosítunk, egyszerűen figyeljük és követjük a gondolatokat, érzéseket, észleléseket, emlékeket és érzeteket, ahogyan azok felbukkannak és visszaoldódnak ebbe az üres térbe, de nem ragadunk le bennük.

A Théraváda hagyományban a *Szatipatthána* Szutta a jelenségek tudatosságáról beszél, beleértve az öt összetevőt, az érzékszervi érzékelés tárgyait és a tudatosság egyéb tárgyait. Ennek egyik értelmezése az, hogy hagyjuk a tudatot a „laza éberség" állapotában pihenni, egyszerűen figyeljük a tudatot, ahogy a tárgyak felmerülnek és feloldódnak a nyitott tudatosság állapotában. A Zen hagyományban létezik egy hasonló gyakorlat, a *shikan-taza*, amely gyakran kiegészíti a meditációs tárgyként használt koanokat.

A tibeti hagyományban számos olyan meditációs technika létezik, amely a nyitott tudatosságot használja tárgyként. A Kagyü hagyomány egyik szövege a következő útmutatást kínálja a felmerülő gondolatok kezelésére:

> *Nem számít, milyen gondolatok merülnek fel, csak ismerd fel őket annak, amik, és figyeld meg anélkül, hogy „megakadályoznád őket", vagy hogy boldognak, boldogtalannak éreznéd magad. Csak nézz rájuk a megkülönböztető tudatosság szemével, felismerve, hogy ezek csupán a tudat játékai, majd hagyd elmúlni anélkül, hogy megragadnád őket... mint a színpadon megjelenő szereplők felvonulását.*

A Nyingma hagyományban ezt néha *elnyugodottság, mozgás és tudatosság* néven ismerik, és a tanítás a következő:

> *Ismerd fel a mozgást, miközben a nyugalomban maradsz,*
> *Amikor mozgás történik, maradj a nyugalom talaján,*
> *Amikor már nincs különbség a nyugalom és a mozgás között,*
> *Az a belépés az egyhegyűségbe.*

Ezért amikor a mozgás megjelenik, nem szabad megfagyasztani az elnyugodottságot, vagy akadályozni a mozgást - ehelyett azonnal fel kell ismerni a mozgást, amint az felmerül.

Azáltal, hogy egyszerűen felismerjük a mozgást, miközben az elnyugodottság talaján maradunk, a mozgás vissza fog oldódni az elnyugodottságba. Végül elérhetünk egy olyan vibráló állapotot, amelyben a mozgás az elnyugodottságban történik, vagy az elnyugodottság a mozgás közben történik, mivel a mozgás nem okoz semmilyen zavaró tényezőt.

Az ezzel a gyakorlattal elért tudatállapotot három tulajdonság jellemzi: a boldogság, a fényesség és a fogalmaktól való mentesség. Ez a tudat olyan, mint az ég, hatalmas és tágas. Bármi is halad át rajta, legyen az felhő, szivárvány vagy villám, az ég nem reagál. Az égbolthoz hasonlóan képezhetjük magunkat, hogy megfigyeljünk mindent, ami a tudatban felmerül, anélkül, hogy bármihez is ragaszkodnánk. E gyakorlat végzése elvezet a samatához, majd a közvetlen belátáshoz, ahogy fokozatosan felfedezzük a megvilágosodott tudat három tulajdonságát: üres lényegét, megismerő természetét és mindent átható együttérzését.

A Dzsonang hagyomány sötét szobában végzett tantrikus samata gyakorlatának középpontjában a nem-fogalmi nyitott tudatosság állapota áll. A különleges testtartás, amikor a szemek tágra nyíltan a homlok magasságában a sötétségbe néznek, nagyon hatékony tantrikus módszer arra, hogy a tudatot a nem-fogalmi állapotba „kényszerítsük", és ezt használjuk az egyhegyű koncentráció tárgyaként. A legtöbb más hagyomány módszerével ellentétben itt nincs szükség a tudat „természetének megkérdőjelezésére". Ez egy rendkívüli módszer, amely kiemeli a tantrikus ösvény finom, mély és egyedi jellemzőit.

Egy utolsó megjegyzés: a nyitott tudatosság gyakorlását (vagy bármely meditációs gyakorlatot) fokozhatjuk azzal, ha a meditáció után felidézzük, milyen élményeken mentünk keresztül. Lejegyezhetjük a tapasztalatainkat egy naplóba, megbeszélhetjük őket egy partnerrel, vagy egyszerűen eltölthetünk néhány percet azzal, hogy felidézzük, hogyan ment a meditáció, beleértve a gondolatokat, érzelmeket, asszociációkat, érzékszervi tapasztalatokat, mentális képeket és emlékeket, amelyekkel találkoztunk. Ez a fajta visszaemlékező tudatosság nagymértékben fokozhatja a meditációs gyakorlat során a tudatosság fenntartásának képességét.

II. A Dzshánák, mint a meditáció tárgyai

A dzshánák rendkívül kifinomult, boldog és teljesen elmélyült tudatállapotok, amelyeket a samata elérése után tapasztalhatunk meg. Összesen nyolc dzshána létezik, amelyeket egymás után érünk el, négy *formákhoz kötött dzshánából* (ahol a forma egy finomabb fajtája van jelen) és négy *formák nélküli dzshánából* áll, ahol a tudatosságnak nincsenek határai, és a forma mindenfajta érzékelése megszűnik. Ezekbe az állapotokba való belépéshez az irányítás teljes feladása szükséges, és az ezekben az állapotokban eltöltött idő hossza a kialakított összpontosítás „lendületétől" függ. A négy forma-dzshána a samatánál mélyebb koncentrációs állapotokba juttathat, és ezért segíthet a belátás kifejlesztésében, míg a négy forma nélküli dzshána általában nem olyan hasznos.

A dzshánákba való belépést az Ánápánaszati szutta tizenkettedik szakasza írja le:

> *A belégzés felszabadítja a tudatot,*
> *a kilégzés felszabadítja a tudatot.*

Ezen útmutatás szerint a dzshánába való belépés a tudat teljes felszabadításának folyamata, amely magában foglalja a meditációnk középpontjában álló finom mentális tárgyba való belemerülést vagy elmélyedést. Az is lehet, hogy az elragadtatás érzésével együtt ragyogó fény áraszt el minket, ahogy belépünk egy olyan állapotba, amely teljesen gyönyörteli, de ugyanakkor tudatos és szilárd. Miközben elmélyedünk ebben az állapotban, nem érezzük a teret körülöttünk, sem azt, hogy mi történik a testünkkel, és nem hallunk, látunk vagy mondunk semmit sem. A buddhizmus szerint a dzshána állapotok a forma és a forma nélküli birodalmak megtapasztalásával egyenértékűek, ahová, úgy tartják, a lények újjászületnek, ha túlságosan hozzászoknak ezekhez a meditációs tapasztalatokhoz, vagy ha ragaszkodnak hozzájuk. Ha azonban nem ragaszkodunk ezekhez a tapasztalatokhoz, és a helyes szemlélettel és szándékkal közelítjük meg a gyakorlatot, a dzshánák rendkívüli meditációs tárgyak lehetnek. Különösen a negyedik formákhoz kötött dzshána segíthet abban, hogy kivételes egyhegyű koncentrációra tegyünk szert, és e tapasztalat után könnyen eljuthatunk a mulandóság, a szenvedés és az önvaló nélküliség valóságba.

A samata-gyakorlat által elért tudat a formabirodalom egy tudati fajtája, amelyet az első dzshána megvalósításának előkészítő vagy belépő állapotaként írnak le. Miután ez megvalósult, a samata után hét előkészítő szakaszon keresztül érjük el az első dzshánát. Mind a négy formákhoz kötött dzshánának hét előkészítő szakasza van, amelyeket a figyelem hét ráhelyezésének nevezünk, és csak úgy érhetők el, ha ezeken a szakaszokon egymás után végig haladunk. A következő leírások csak hozzávetőleges magyarázatok, mivel a tudat nagyon finom állapotait vagy minőségeit írják le, amelyeket a samata megtapasztalása után lehet elérni; ennél részletesebb leírások is rendelkezésre állnak, de meghaladják e könyv kereteit (valójában a tibeti szerzetesek hagyományosan sok évet töltenek e témák tanulmányozásával).

A figyelem hét helye a következő:

1. *Kezdeti figyelem*
   Ebben a szakaszban a dzshána állapothoz való kapcsolódás elindításához szükséges speciális figyelem.

2. *Megkülönböztető figyelem*
   Ebben a szakaszban erős a megkülönböztető képesség, amely a tanulás és elmélkedés integrálásán alapul.

3. *A hitből fakadó figyelem*
   A tudat ekkor eléri a meggyőződés különleges minőségét.

4. *Elszigetelt figyelem*
   Ebben a szakaszban a tudat figyelme teljesen mentes a finom zavaró tényezőktől.

5. *Az öröm vagy a visszavonás figyelme*
   Ennek a tudatnak az a tulajdonsága, hogy örömet lel önmagában, és megtapasztalja a mindent elsöprő örömöt.

6. *Analitikus figyelem*
   A tudat minősége ebben a szakaszban a finom vizsgálat és megértés.

7. *Végső integráló figyelem*

Ez a végső szakasz a tényleges dzshána tudatállapot felé vezető minőségek kiteljesedését jelenti.

Miután a meditáció során elértünk valamelyik dzshána állapotra, felismerhetjük az adott dzshánát a tulajdonságok egy meghatározott csoportjának azonosítása révén. Ezek a tulajdonságok a tudat fokozatosan finomabbá váló állapotát írják le, és az öt akadály — letargia, bizonytalanság, neheztelés, nyugtalanság és bűntudat, valamint érzéki vágy — ellenszereként működnek. Bár e tulajdonságok leírására bizonyos szavakat használok, azok sokkal finomabbak és magasabb rendűek, mint amit ezek a szavak általában kifejeznek. Az első dzshánának négy minősége van: vizsgálat és elemzés, öröm, boldogság és egyhegyűség. A második dzshána elérésekor az első minőség megszűnik, így a tudat az öröm, a boldogság és az egyhegyűség állapotában pihen. A harmadik dzshánát a boldogság és az egyhegyűség állapota jellemzi, míg a negyedik dzshánában már csak az egyhegyűség vagy egykedvűség marad. Az összpontosítás a negyedik dzshánában a legkifinomultabb, és ezért hihetetlenül erőteljes.

A negyedik formákhoz kötött dzshánán túl a meditáló megtapasztalhatja a négy formák nélküli dzshána állapotát: a határtalan teret, a határtalan tudatosságot, a nemlétezést és az érzékelésen túli állapotot. Ezek az állapotok azonban általában nem olyan hasznosak, mivel az ember tudatállapota rendkívül finom, és hiányzik belőle az előző dzshánákban kifejlesztett koncentráció. A második ilyen állapot, a végtelen tudatosság, bizonyos esetekben ugródeszkaként szolgálhat az üresség felismeréséhez, bár a többi állapot általában akadályozza a valódi bölcsesség kialakulását. A formák nélküli dzshánákban a tudatnak ez a minősége szinte semmilyen érzékeléssel nem rendelkezik, csupán a tudat formája vagy finom tapasztalása, és a meditálót a forma nélküli birodalmakban való újjászületés felé terelheti, ahol nem tapasztalhatók fizikai formák: nincs hang, nincs illat, nincs íz és nincs érzékelés.

Ha már elértük a samatát, akkor képesek vagyunk látni, hogy az első dzshána sokkal finomabb, mint maga a samatatudat. A tudatnak ez a finom és békés természetét érzékelve, arra ösztönöz, hogy szorgalmasan gyakoroljunk tovább, hogy elérjük a formabirodalom dzshánáinak finomabb szintjeit. Amint elértük az első dzshánában való elmélyedést, ez arra késztet, hogy elérjük és elmélyedjünk a második, harmadik és negyedik dzshánában is. Miután kilépünk ezekből az állapotokból, a nagyfokú stabilitást és élénkséget fenntartjuk a mindennapi tevékenységeink során, amikor tudatunk visszatér a vágy birodalmába. Bár meditáció közben átmenetileg elhagyjuk a vágy birodalmára jellemző szenvedésteli gondolatokat és érzelmeket; az ülések között ezek még mindig előfordulnak, ugyan kevesebb gyakorisággal, gyengébb intenzitással és rövidebb időtartammal.

A dzshánákban elért erőteljes koncentráció megnyitja az utat a tisztánlátás és a természetfeletti erők elérése felé is. A tudatot az előző életek felidézésére irányítva elérhetjük számos korábbi létezés közvetlen érzékelését, felidézve az egyes életekben szerzett tapasztalatok természetét. Kifejleszthető az „isteni szem" is, amely közvetlenül látja a lények elmúlását és újjászületését, és azt, hogy cselekedeteik alapján hogyan mozognak a létezés különböző birodalmaiban. Ezen kívül kifejleszthető az isteni hallás, mások tudatának ismerete és természetfeletti képességek, amelyek lehetővé teszik a négy elem irányítását, mint például a szilárd tárgyakon való áthaladást, a vízen járást vagy a térben való repülést.

Az érzékszerveken túli képességek ezen öt típusának kifejlesztése azonban nem jelenti azt, hogy elértük a megszabadulást. A különböző dzshánák elérése a különböző forma és forma nélküli birodalmakban való újjászületéshez vezethet. A buddhista meditálók azonban általában nem itt keresik az újjászületést, mivel itt a Buddha tanításainak gyakorlása általában nem lehetséges. Az ezekben a birodalmakban való születés mentes a durva szenvedéstől, de mint minden dolognak, ennek a fajta létezésnek is véget kell érnie. Mivel ez nem feltétlenül a legjobb hely a gyakorlásra, az ilyen születés a pozitív karma elvesztegetése lehet. Vannak azonban kivételes esetek, amikor néhány buddhista gyakorló azért keresi az újjászületést ezekben a birodalmakban, hogy gyorsan és átmenetileg csillapítsák a szenvedéseket, bár a hajlamaik teljes felszámolása később következik be. A Théraváda ösvényen létezik egy olyan szakasz is, amelyet nem-visszatérőnek neveznek, és amely után az ember spontán módon újjászületik egy forma birodalomban, mielőtt elérné a nirvánát.

Ajánlott Olvasmányok

A szövegben megemlített számos gyakorlatról bővebben a következő könyvekben olvashatunk:

Bikkhu Bodhi (ed). *In the Buddha's Words: An Anthology of Discourses from the Pali Canon* (Boston: Wisdom 2005).

John Barter. *Mindfulness Meditations with John Barter.* 2 CD Set. (Sydney 2009).

Ajahn Brahm. *Mindfulness, Bliss and Beyond: A Meditator's Handbook* (Somerville: Wisdom 2006).

Ajahn Chah. *A Still Forest Pool: The Insight Meditation of Ajahn Chah.* Compiled by Jack Kornfield and Paul Breiter (New York: Quest, 1986).

His Holiness the Dalai Lama. *How to See Yourself As You Really Are: A Practical Guide to Self-Knowledge* (London: Rider, 2006).

The Ninth Karmapa Wangchuk Dorje. *The Mahamudra: Eliminating the Ignorance of Darkness.* (Dharamsala: Library of Tibetan Works and Archives, 2002).

Shar Khentrul Dzsamphel Lodrö. *Szent Valóságunk Feltárása a Kálacsakra Ösvényén Keresztül, I-III.* kötet (Melbourne: Tibetan Buddhist Rime Institute, 2016).

B. Alan Wallace. *The Attention Revolution: Unlocking the Power of the Focused Mind* (Boston: Wisdom 2006).

A szerzőről

Khentrul Rinpocse Dzsamphel Lodrö a Dzokden alapítója és vezetője. Rinpocse az alábbi könyvek szerzője: A szent valóságunk feltárása I. II. III. kötet, A nagy középút: A más-üresség Dzsonang nézetének magyarázata, Egy boldogabb élet, A mélységes ösvény rejtett kincse.

Rinpocse életének első 20 évét jakpásztorként, mantrákat énekelve élte a tibeti fennsíkon. A bódhiszattvák ösztönzésére elhagyta családját, és különféle kolostorokban tanult, az összes tibeti buddhista hagyomány több mint huszonöt mesterének irányítása alatt. Felekezeti elfogultságtól mentes megközelítése miatt Rimé (elfogulatlan) Mester címet kapott, és a híres Kálacsakra mester, Ngawang Csözin Gyaco reinkarnációjaként azo-nosították. Míg tanításainak középpontjában az a felismerés áll, ogy a világ minden szellemi hagyományának sokfélesége nagy jelentőséggel bír; ő maga a Dzsonang-Shambhala hagyományra összpontosít. A Shambhala Kalki királyaitól eredő Kálacsakra (az idő kereke) tanításai mélységes módszereket tartalmaznak a külső környezetünk, illetve a testünk és tudatunk belső világának harmonizálására. Ez a tantra közvetlenül kapcsolódik földünk karmájához, segítségével elérhetjük a béke és a harmónia aranykorát (dzokden). Khentrul Rinpocse életcélja, hogy ezeket az értékes tanításokat a lehető legtöbb nyelven világszerte elterjessze, hogy ezáltal az egyéni átalakulás belső folyamatával valóban átalakíthassuk világunkat.

Rinpocse víziója

A Dzokden azzal a határozott céllal jött létre, hogy támogassa Khentrul Rinpocse elképzelését a béke és harmónia Aranykorának megvalósításában. Ahogy közösségünk gyarapodik és fejlődik, mind több és több ember kapcsolódik be ebbe a rendkívüli erőfeszítésbe.

Annak érdekében, hogy megértsük Rinpocse víziójának hatáskörét nyolc pontról beszélhetünk, amelyek tükrözik Rinpocsé főbb rövid és hosszú távú céljait:

AZONNALI CÉLOK

Végső soron a tartós, valódi boldogság csak mély személyes átalakulás révén lehetséges. Most mindennél nagyobb szükségünk van olyan módszerekre, amelyekkel fejleszthető bölcsességünk, és megvalósíthatók a bennünk rejlő legnagyobb képességek. Rinpocse ezért helyez akkora hangsúlyt a Dzsonang Kálacsakra hagyományvonal megőrzésére. Négyféle módon reméli ezt megtenni:

1. **Alkalmakat teremteni egy hiteles és teljes Kálacsakra hagyományvonalhoz való kapcsolódásra szoros együttműködésben a távoli Tibet elhivatott gyakorlóival.**

   Célunk minden támogatást megteremteni a Kálacsakra gyakorlásához a hiteles hagyományvonal mestereivel összhangban, akik ezt a tradíciót több ezer éve fenntartják. Ezért szobrokra és festményekre adunk megbízást, könyveket írunk és tanításokat adunk szerte a világban. Különös hangsúlyt fektetünk anyagaink hitelességének a biztosítására, igénybe véve azoknak a magas szintű megvalósítást elért meditálóknak a mély tapasztalatát, akik ezeknek a gyakorlatoknak szentelik életüket.

2. **Nemzetközi elvonuló központok létesítése a Kálacsakra tanulmányozásához és gyakorlásához.**

A tanítások tudatunkba építése érdekében kulcsfontosságú, hogy alkalmunk legyen hosszabb időszakokon át intenzíven gyakorolni. Azon dolgozunk, hogy megteremtsük a szükséges infrastruktúrát, amely támogatja és táplálja közösségünk tagjait a rövid és hosszú távú elvonulások alkalmával egyaránt. Ebbe beletartozik a földvásárlás, valamint a csoportos illetve magányos elvonulás biztosításához szükséges építkezés. Hosszútávú célunk olyan központok hálózatának a létrehozása az egész világon, amely globális közösséget alkotna, és a gyakorlók széles körének tudna támogatást nyújtani.

3. **A Kálacsakra mesterek kivételes és ritka szövegeinek fordítása és kiadása.**

A Kálacsakra rendszer Tibet hosszú történelme során megszámlálhatatlanul sok leírás tárgyául szolgált. Eddig e szövegeknek csak kis hányadát fordították le és tették hozzáférhetővé nyugaton. Miközben fontosak az elméleti szövegek, fő célunk a lényegi útmutatásokra való összpontosítás, amelyek az elhivatott gyakorlót a nagyerejű tanítások mélyebb megtapasztalásához vezetik el.

4. **Eszközök és programok kidolgozása a strukturált tanulási élményért.**

A világ minden táján szétszórva élő tanítványok érdekében fontos, hogy a legtöbbet hozzuk ki a modern technológia vívmányaiból a tanulási folyamat elősegítésére. Olyan nagyszabású online oktató felületet szeretnénk kifejleszteni, amely lehetővé teszi nemzetközi közösségünknek, hogy olyan minőségi tanulói programokhoz férhessen hozzá, amelyek intuitívak, szisztematikusak és vonzóak.

HOSSZÚTÁVÚ CÉLOK

Miközben mindannyian a végső béke és harmónia elérésére törekszünk tudatunkban, nem téveszthetjük szem elől azt a tényt, hogy egy hihetetlenül változatos világ tágabb összefüggésében létezünk. Az egyének sokféle hitet és gyakorlatot követnek, amelyek azután alakítják az egymáshoz való viszonyulásunkat és együttműködésünket. Ebben a kölcsönösen függő valóságban létfontosságú, hogy életképes stratégiákat találjunk a nagyobb tolerancia és tisztelet elősegítésére. Rinpocse erre négy konkrét tevékenységi területet javasol:

1. **A Rimé Filozófia kifejlesztésének elősegítése a más tradíciókkal való párbeszéd révén.**

   Attól a vágytól vezérelve, hogy építő tagjai lehessünk egy többelvű társadalomnak, meg kell tanulnunk, hogy mi módon békíthetjük össze a köztünk lévő különbségeket. Ebből a célból szeretnénk segíteni az embereket abban, hogy kifejleszthessék azokat a pozitív minőségeket, amelyek elősegítik a kölcsönös tiszteletet, az új gondolatokra való nyitottságot és a tudatlanságon való felülemelkedés kíváncsi vágyát.

2. **Kifejleszteni magas megvalósítású példaképeket az elhivatott gyakorlóknak szóló anyagi támogatás felajánlásával.**

   Spirituális hagyományunk hitelességének biztosításához elengedhetetlenül szükségesek olyan emberek, akik elérik a legmagasabb szintű megvalósítást. Ezért célunk egy pénzbeli ösztöndíjas program létrehozása, amely támogatja azokat az igazi gyakorlókat, akik életüket a spirituális fejlődésnek kívánják szentelni, gyakorlási rendszerüktől függetlenül. Ha segítünk az embereknek megvalósítani a tanításokat, pozitív példaképpé válnak a körülöttük lévők számára, inspirálva és irányítva az eljövő nemzedékeket.

3. **Megvalósítani a női gyakorlókban meglévő hatalmas lehetőséget speciális képzési programok szervezésével.**

A tibeti kultúra hosszú múltra tekint vissza a magas szintű megvalósítást elért tanítók kiművelésében azoknak a személyeknek az intenzív képzése révén, akik elismerten nagy képességekkel rendelkeznek. Sajnálatosan a kiváló képességeket inkább csak férfi jelöltekben keresték. Rinpocse úgy véli, mindinkább fontos, hogy legyenek erős, magas szintű megvalósítást elért női példaképek is, akik nagyobb egyensúlyt hozhatnak világunkba. Ezért azon dolgozunk, hogy egyedülálló képzési programot dolgozzunk ki, amely megteremtené a nőknek is az alkalmat spirituális képességeik megvalósítására. Célunk speciális tanrend összeállítása és pénzügyi infrastruktúra kiépítése tanításuk minden vonatkozásának teljes körű támogatására.

4. **Elősegíteni a tudat nagyobb fokú rugalmasságát és a valóság átfogóbb megértését modern képzési programok segítségével.**

Gyorsan fejlődő világunkban újra kell gondolnunk, hogy milyen készségeket szeretnénk elsajátíttatni gyermekeinkkel. A múlt merev rendszerei gyakran nem megfelelőek arra, hogy felkészítsük őket az életben rájuk váró kihívásokra. Ezért célunk sokféle oktatási program kidolgozása, amelyek segíthetnek a gyerekeknek abban, hogy rugalmasabbak legyenek, és képesek legyenek a környezetükhöz alkalmazkodni. Ezeknek a programoknak az egyik fontos eleme nagyobb tudatosság kifejlesztése tudatunk szerepe felől a mindennapi tapasztalásainkban. A kolostori oktatási rendszert is szeretnénk megreformálni, hogy közelebb hozhassuk a modern világhoz.

Hogyan segíthetsz?

Mindez nem lehetséges a Te támogatásod és részvételed nélkül. Ez az elképzelés hatalmas mennyiségű érdemet és nagylelkűséget kíván. Ha segíteni akarsz, bátran lépj kapcsolatba velünk.

Dzokden
3436 Divisadero Street
San Francisco, California 94123
United States of America
www.dzokden.org

www.ingramcontent.com/pod-product-compliance
Lightning Source LLC
Chambersburg PA
CBHW071206120626
46546CB00006B/2444